AF533975

Otto Höpfner

Die feinstoffliche Strahlungsenergie

Otto Höpfner

Die feinstoffliche Strahlungsenergie

Anwendungsmöglichkeiten

für den Alltag

Omega

Omega-Verlag ist ein Imprint der Verlag "Die Silberschnur" GmbH

ISBN: 978-3-89845-545-9
1. überarbeitete Neuauflage 2017

Gestaltung & Satz: XPresentation, Güllesheim
Umschlaggestaltung: XPresentation, Güllesheim; unter Verwendung verschiedener Motive von © sdecoret und © screenexa, www.fotolia.com
Druck: Finidr, s.r.o. Cesky Tesin

Verlag "Die Silberschnur" GmbH · Steinstr. 1 · 56593 Güllesheim
www.silberschnur.de · E-Mail: info@silberschnur.de

Hinweis des Autors

Zu dem Thema in diesem Buch wurde nur das Wesentliche theoretische Hintergrundwissen dargelegt, damit die LeserInnen ohne ausschweifende Erläuterungen bzw. Ablenkungen den Stoff durcharbeiten können. Sofern zu den einzelnen Themen tiefer gehende Erklärungen erwünscht sind, können diese im Anhang nachgelesen werden. In den Textpassagen wird jeweils auf die betreffenden Informationen hingewiesen.

Otto Höpfner

Anmerkung des Verlages

Der Autor dieses Buches verstarb im Dezember 2008, doch bis zu seinem Tod hat Otto Höpfner geforscht, an seinen Konstruktionen gearbeitet und seine Geräte stets weiterentwickelt. Er entwickelte und konstruierte unter anderem die hochempfindliche Einhandrute, als Bio-Radiometer mit Kugelkreuz inzwischen weit verbreitet, die legendären Höpfner-Pyramiden, die in diesem Buch ausführlich beschrieben werden, und zuletzt den fantastischen Energie-Verstärker, den sogenannten Strahlen-Konverter. Die Pyramiden sind heutzutage im Handel nicht mehr erhältlich, da sie dort durch den weiterentwickelten Strahlen-Konverter ersetzt wurden. Wir möchten Sie mit diesem Buch aber einladen, Otto Höpfners geniale Entwicklungen kennenzulernen, und Sie ermutigen, sich auch der neuen, weiterentwickelten Gerätegeneration zu öffnen. Sie finden am Ende des Buches eine Bezugsquelle, über die Sie die Produkte kaufen können. Außerdem haben wir uns bemüht, an den wichtigsten Stellen Hinweise auf die neuen Geräte zu geben, sodass Sie jederzeit erfahren, welches Produkt die Weiterentwicklung des beschriebenen Gerätes ist und wo Sie diese beziehen können.

Inhaltsverzeichnis

Warum dieses Thema?

Bei vielen Gesprächen – sowohl mit Fachmedizinern als auch insbesondere mit der Mehrheit des gebildeten Laienpublikums, gleichwohl welcher Couleur, ist immer wieder festzustellen, dass das komplexe Wissensgebiet der

feinstofflichen Biostrahlung weitgehend unbekannt ist!

Dabei handelt es sich hier um die fundamentalsten Grundlagen für alles Leben auf dieser Erde!

Ein bekanntes Gegenstück hierzu sind die schädlichen, technischen Strahlen aller Art (Rundfunk, TV, Installationen, Elektrosmog usw.), die aber mit der oben angesprochenen feinstofflichen Strahlung in keiner Weise identisch sind. Bis zum heutigen Tag hat der Elementarbegriff der Schwingungsenergie oder der Radiation im Wesentlichen das Gebiet der Physik nur zugunsten der industriellen Nutzung beeinflusst. Dagegen hat er den Wissenschaften, die sich mit der lebenden Natur beschäftigen, noch keinen nennenswerten Erkenntnisbeitrag gebracht. Die klassische Physik kann nur die mikroskopisch messbaren Phänomene beschreiben, worauf die heutigen Ingenieurwissenschaften beruhen. Das sind z. B. die Bereiche der Mechanik, Wärme, Elektrotechnik, Beleuchtung und Ähnliches.

Deshalb soll es der Sinn dieses Buches sein, der Leserin und dem Leser einen Einblick zu verschaffen,

- **über die ganz andere Welt der** feinstofflichen **Dimension des Lebens gegenüber der physikalisch**-technisch messbaren Schwingungsdimension.

• • ● • •

Der maßgebliche Unterschied

Alle Strahlungen, die mit **elektrischen bzw.** elektronisch aufgebauten Geräten **messbar** sind, liegen mit ihrer Intensität, Frequenz und ihrem Schwingungsmuster im **physikalisch-technischen Bereich**!

- Diese Strahlen sind durchweg **körperfeindlich** und beeinflussen alles Leben äußerst negativ - sowohl bei Pflanzen, Tieren und Menschen.

Was die meisten medizinisch tätigen Menschen nicht wissen, ist die Tatsache, dass diese Feststellung genauso auch auf den Einsatz von elektronischen Therapiegeräten zutrifft!

Wir müssen endlich zur Kenntnis nehmen, dass für das Leben der Menschen, Tiere und Pflanzen eine andere, **eigene** Schwingungs-Dimension maßgebend ist, nämlich:

Die feinstoffliche Strahlungsenergie

Diese Strahlungsdimension, auch "Ultrafeine Strahlung" genannt, ist mit elektronisch-technischen Geräten leider **nicht messbar**. Es gelingt auch nicht, sie auf einem Oszilloskop (Bildschirm) sichtbar zu machen.

- **Aber**, diese Strahlungen sind die Grundlage unseres Lebensbereichs!
- Sie sind äußerst wirksam und bei gezielter Anwendung außerordentlich wichtig für die Gesundheit.

Eine für jedermann verständliche Dokumentation über den komplexen Einflussbereich solcher Schwingungen auf unser Leben und unsere Gesundheit soll der Sinn und Zweck dieses Buches sein.

Hierzu wünscht sich der Autor, dass endlich viele Zweifler aus ihrem Elfenbeinturm herauskommen, um zu begreifen, dass Chemie und Elektronik keine Lösungen sein können, gesund alt zu werden.

Was bedeutet "feinstoffliche Strahlung"?

Um Missverständnisse zu vermeiden, sei darauf hingewiesen, dass die in vielen Büchern verwendeten Bezeichnungen *Strahlung, Schwingung, Wellen, Radiation, Vibration, Oszillation oder Frequenzen* aus der Sicht der klassischen Physik nicht alle dasselbe bedeuten.

Der Vollständigkeit halber sollte man auch wissen, dass die Bio-Physik bei den Wellenlängen bzw. Frequenzen oberhalb des UV-Bereiches, das heißt in Richtung höherer Frequenzen, von "Strahlung" (bzw. von "Teilchen") und unterhalb des IR-Bereiches von "Wellen" spricht.

Ferner wird der Frequenzbereich von UV (Ultra-Violett) einschließlich IR (Infra-Rot) auch als "Optisches Frequenzspektrum" bezeichnet.

Gemeint sind bei den oben aufgeführten Bezeichnungen **Strahlungsimpulse**, die sich entsprechend ihrer besonderen Eigenschaft während einer bestimmten Zeiteinheit (Sek) ständig wiederholen.

Sie unterscheiden sich durch ihre Schwingungsmuster, ihre Frequenzen und ihre Intensitäten.

Die Maßeinheit für die Anzahl ihrer Wiederholungen je Sekunde wird mit Hertz (Hz) angegeben. Diese Wiederholungen werden auch als Frequenz bezeichnet.

Beispiel:
Frequenz 50 Hz bedeutet: 50 Strahlungsimpulse je Sekunde.

Die Kenntnis dieser Definition ist für die später folgenden Erklärungen und Begründungen notwendig und wichtig.

Es gibt bereits eine Menge einschlägiger Literatur, in der beschrieben und nachgewiesen wird, dass sich alles in einer Schwingung befindet, oder mit anderen Worten:

Alles ist eine Form von Schwingungsenergie bzw. von Energieimpulsen.

Der 1942 in den USA verstorbene geniale Forscher Georg Lakhovsky hat seine Gedanken und Erkenntnisse über ***"Das Geheimnis des Lebens"*** mit den folgenden drei Prinzipien zusammengefasst:

- Das Leben entsteht aus Strahlungen.
- Das Leben wird durch Strahlung unterhalten.
- Leben wird durch Störung des Schwingungsgleichgewichts vernichtet.

Von besonderer Bedeutung für diese Strahlungen sind ihre **Eigenschaften**!

Wenn sie dem menschlichen Organismus nützlich sein sollen, dann müssen sie in **Harmonie** mit den Zellschwingungen unserer Organe schwingen. Das heißt so viel wie:

"Mit dem lebenden Organismus in Resonanz,
also in Übereinstimmung stehen".

Logischerweise können das keine elektrisch erzeugten, sondern nur **in der Natur** vorherrschende Strahlungen sein!

Solche natürliche Strahlungen bewirken eine **Schwingungsanregung unserer Zellschwingungen** und somit die Erhaltung eines normalen Energiezustandes.

Diese wichtige Feststellung wird auch als "**Biologische Kohärenz**" bezeichnet. Das heißt, bei Wellen, die gleichphasig schwingen, entsteht eine Überlagerung - sprich "**Interferenz**". Mit anderen Worten:

➤ Sie sind kohärent bzw. in Resonanz.

Anders ausgedrückt: Wenn Wellenberge auf Wellenberge und Wellentäler auf Wellentäler treffen, besteht eine "**Konstruktive Interferenz**", wobei die Intensitäten **addiert** werden (Verstärkung). (siehe Bild 1)

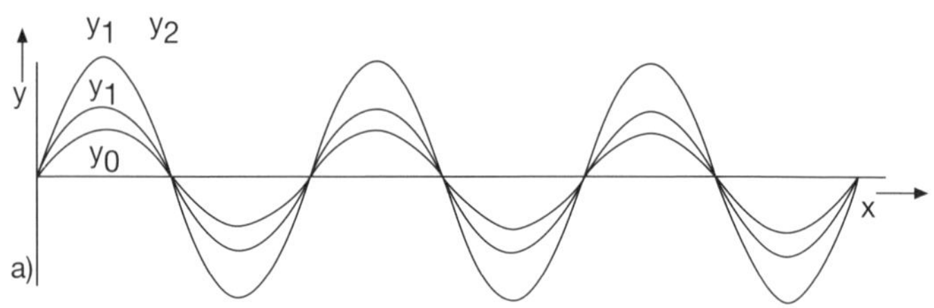

Bild 1

Das Gegenteil geschieht, wenn Wellenberge mit Wellentälern zusammentreffen, dann können sie sich gegenseitig ganz oder je nach Intensität zum Teil auslöschen. Man nennt dies eine "**Destruktive Interferenz**" (siehe Bild 2).

Zur Verdeutlichung der obigen Definition sei hier noch ein einfaches Beispiel aufgeführt, um zu zeigen, welche Wirkungen durch Kohärenz erreicht werden können:

Gibt man einer, an Seilen aufgehängten Schaukel genau in ihrem Endausschlag einen leichten stetigen Anstoß (Impuls), wird sich ihr Ausschlag "aufschaukeln". Wichtig dabei ist, dass die Stoß-Impulse rhythmisch, also synchron zur Schwingung erfolgen. Das heißt, dass sie kohärent verlaufen.

Erfolgen dagegen die Impulse nicht synchron, sondern entgegengesetzt der Schaukelbewegung, wird die Schwingung gebremst und schließlich aufgehoben (gelöscht). Das obige Beispiel ist also typisch für die Einwirkung einer Giftstrahlung auf die Organzellen.

Indem die Zelle gezwungen wird, unter Bedingungen zu schwingen, die von ihren spezifischen, normalen Eigenschwingungen abweichen, vermag sie nicht mehr normal zu existieren. Das bedeutet, sie wird oder ist krank!

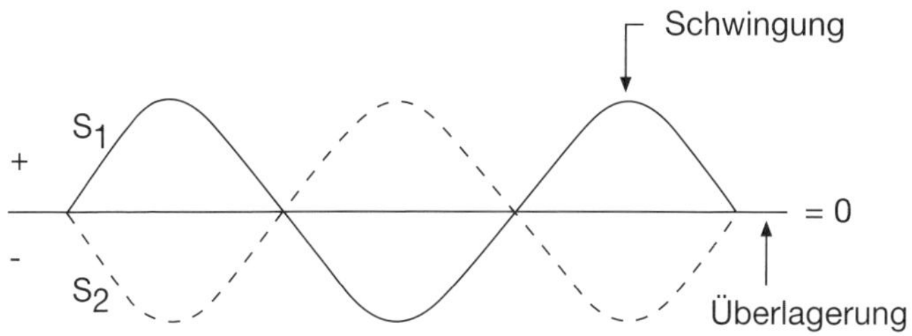

Bild 2

Um sie zu heilen, muss man die Ursache des unnatürlichen Schwingungseinflusses beseitigen und eine Schwingung von entsprechender gegenpoliger Frequenz einstrahlen, um sie wieder auf ihren ursprünglichen gesunden Normalzustand zu bringen.

Genau diese Vorgänge spielen sich bei der später geschilderten Bio-Resonanz-Therapie ab und der Löschung von Allergien mit der Pyramide.

Die Kenntnis der obigen Definitionen ist für das Verständnis der nachfolgenden Abschnitte insofern wichtig, weil dadurch der Leser die Zusammenhänge der Erläuterungen besser begreift, so das Löschen von Allergien oder die Bio-Resonanz-Therapie mit der Pyramide.

Eine universale Skala der vorab beschriebenen Strahlen bzw. Schwingungen erhalten wir ständig aus dem Weltraum und von der Sonne. Diese Strahlungen beinhalten das ganze Frequenzspektrum der sehr kurzwelligen kosmischen Strahlen bis zu den langwelligen Frequenzen.

Allerdings erreicht uns effektiv nur ein Teil dieser Strahlen, nämlich die im Bereich des **sichtbaren Lichts** liegenden UV- und IR-Strahlen. Alle anderen Frequenzen werden von der Erdatmosphäre leicht abgebremst und erreichen uns in nur schwacher Intensität *(s. Anhang A "Die atmosphärischen Fenster").*

Für alles Leben und alle Pflanzen auf der Erde sind solche kosmischen Einstrahlungen lebenswichtig.

Leider werden diese so lebenswichtigen Energiespender durch die üblichen Betonbauweisen bei Gebäuden stark unterdrückt! In der freien Natur beträgt z. B. die Strahlungsintensität je nach Örtlichkeit etwa 7.000 Bovis-Einheiten, während in Betonbauten je nach Stockwerken nur noch etwa 3.500 Einheiten gemessen werden können!

Nachweislich haben aber kosmische Einstrahlungen noch eine **besondere** Qualität, nämlich eine **magnetische Eigenschaft**, die vermutlich beim Durchgang durch das permanente Magnetfeld der Erdkugel aufmoduliert wird.

Eine wichtige logische Folgerung hieraus ist die **magnetische Eigenschaft** unseres Blutes. Auch die Pflanzen haben diese magnetische Eigenschaft zwangsläufig übernommen, was an ihren Ausstrahlungen einwandfrei zu messen ist.

Für jeden Therapeuten müsste diese Tatsache eine Selbstverständlichkeit sein!

Er müsste wissen, dass jede künstliche, elektronisch erzeugte Schwingung weder diese magnetische Eigenschaft noch die oben beschriebene konstruktive Kohärenz besitzt und somit nicht in Harmonie mit unseren Organschwingungen stehen kann! Um es noch einmal zu wiederholen:

Diese künstlichen Strahlen sind "körperfeindlich".

Während der gesamten Evolution der Menschheitsentwicklung gab es auf dieser Erde nie die Einwirkung einer rein elektrischen bzw. künstlichen Strahlung, welche die Natur in ihrer Entwicklung hätte beeinflussen können. Es waren immer die Strahlungen aus dem Kosmos wie auch dic Grundfrequenzen der Erde und der *Schuhmann-Resonanzen* (s. Anhang B), die der Natur und dem menschlichen Organismus ihren Stempel aufgedrückt haben. Erst in den letzten 100 Jahren hat der technische Fortschritt Mittel und Wege gefunden, um künstliche Schwingungen zu erzeugen, die zwar technisch messbar sind – aber leider **außerhalb der biologischen, feinstofflichen Schwingungsdimension liegen.**

Zusammenfassend folgt somit die logische Schlussfolgerung, dass ein beträchtlicher Unterschied besteht zwischen künstlich bzw. elektronisch erzeugten und den natürlichen, überall vorhandenen gesunden Schwingungen!

Wie sollte die Technik auch in der Lage sein, mithilfe der Elektronik identische Schwingungen zu erzeugen, wenn es ihr bis jetzt noch nicht gelungen ist, die feinstofflichen Bio-Strahlen auf einem Bildschirm sichtbar zu machen, um deren Charakteristika zu studieren.

Mit dem nachstehenden Schema möchte ich die bisherigen Ausführungen bildlich verdeutlichen:

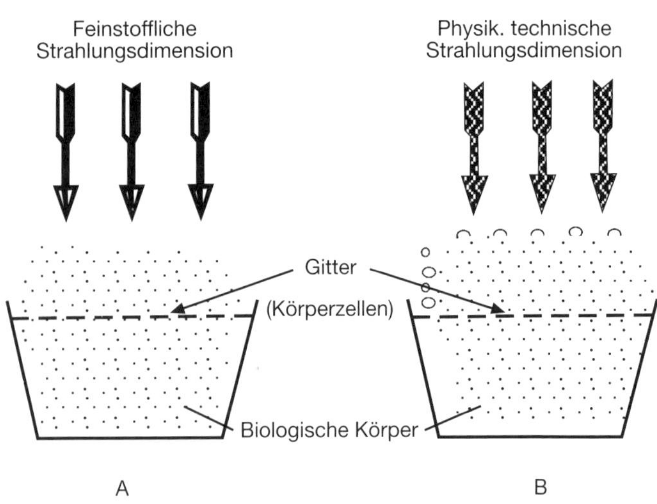

Bild 3

Abbildung “A” zeigt, wie die feinstoffliche Strahlung durch das biologische Gitter der Körperzellen ohne Hindernis hindurchgehen kann.

Abbildung “B” soll zeigen, wie dieselbe Frequenz infolge ihrer andersartigen elektrischen Strahlungsstruktur den biologischen Körper nicht beeinflussen (anregen) kann.

Mit dieser bildlichen Darstellung sollen die besonderen Qualitätsmerkmale der feinstofflichen Lebensstrahlung nochmals verdeutlicht werden.

Im Einzelnen sind das die folgenden Eigenschaften:

- Es gibt bis jetzt keine technische Möglichkeit, Biostrahlungen sichtbar zu machen. das heißt, ihre Existenz, ihre Intensität und besonders ihre Frequenz mit technischen (elektronischen) Geräten zu messen.
- Durch die magnetische Qualität der Biostrahlen aus dem Kosmos haben sie ihre **eigenen Frequenzmuster**, die nicht durch künstliche Strahlen ersetzt werden können.

Es handelt sich somit bei den Bio-Lebensstrahlungen, die mit den physikalisch bekannten Strahlungen nicht vergleichbar sind, um eine andere Dimension. In der Natur gibt es grundsätzlich keine “harten Strahlungen” ausgenommen die Entladungen der statisch aufgeladenen Luft durch Blitz und Donner, die für Menschen, Tiere und Pflanzen tödlich sein können!

Genau diese unsichtbare bzw. **nicht** mit technischen Mitteln **beweisbare** Existenz der feinstofflichen Biostrahlung dürfte der Grund sein, warum sie sowohl von den meisten Menschen als auch von der Schulmedizin ignoriert und nicht in der Therapie eingesetzt wird.

Was jedoch die Identifizierung, also den Existenzbeweis der Biostrahlung betrifft, hat bereits Wolfgang v. Goethe treffend festgestellt, dass es **nur ein natürliches Instrument** gibt, um derartige feinstofflichen Schwingungen zu erfassen und zu identifizieren:

> *"Es ist der Mensch, der mittels seiner Sensitivität (Strahlenfühlichkeit) und mit Hilfe eines Pendels, einer Einhandrute oder einer Wünschelrute diese Schwingungen sichtbar machen kann!"*

Man nennt diese Methode "**Radiästhesie**". Oder auf gut Deutsch: **Strahlenfühligkeit**.

Wenn ein Mensch diese Fähigkeit besitzt, dann bedeutet das: Er ist sensitiv gegenüber feinstofflichen Strahlen.

Oft wird die berechtigte Frage gestellt:
Kann das jeder?

Diese Frage muss man verneinen. Aber nach meinen Erfahrungen haben relativ viele Menschen diese Fähigkeit, ohne es zu wissen. Und das ist schade, denn sie könnten sich und andere vor manchem gesundheitlichen Schaden bewahren!

Gerade diese letzte Feststellung trifft in besonderem Maße auf das in der Medizin tätige Fachpersonal, gleich welcher Couleur, zu.

Ich habe mich oft gefragt und auch gewundert, woher ein Arzt oder Heilpraktiker wissen will, ob die von ihm ausgewählte Medizin gerade für diesen Patienten die richtige ist?

Wie oft kommt es vor, dass ein Medikament gegen Rheuma hilft, aber schädlich für den Magen oder die Niere ist!

Solche Fälle gibt es massenweise, aber weil diese nachteiligen Auswirkungen erst sehr viel später in Erscheinung treten, werden sie nicht beachtet. Im Gegenteil: Der Patient erhält wieder eine neue Behandlung. Für die Behandlungshonorare ist das zwar gut, aber für den Patienten kann das schlimme Folgen haben und für die Krankenkassen eine finanzielle Belastung, wofür der Patient noch mal büßen muss durch höhere Beiträge!

Der Vorwurf der "fahrlässigen Behandlung" durch Ärzte oder Heilpraktiker richtet sich in erster Linie nicht gegen sie selbst, sondern vielmehr gegen den Lehrstoff der Universitäten oder der Heilpraktikerschulen. Dort ist die Existenz der natürlichen feinstofflichen Bioenergie- bzw. -Strahlung leider noch nicht in den Lehrstoff aufgenommen worden.

Das Gleiche gilt in noch stärkerem Maße
für die Pharmaindustrie!

Hierzu nur zwei Beispiele, die für viele Wissensgebiete repräsentativ sind:

Bei der Erwähnung "feinstofflicher Strahlungen" gab mir ein Physiker zur Antwort: *"Davon steht nichts in meinen Physikbüchern".*

Und ein Arzt sagte mir: *"In der Medizin kennt man so etwas nicht!"*

Einer meiner Bekannten wurde jahrelang mit extrem stark wirkenden Mitteln gegen Asthma behandelt. Als das gelungen war, stellte man fest, dass jetzt seine Niere total geschädigt war. Ihm war nur noch mit einer Nieren-Dialyse zu helfen.

Hätte man die Anwendung der **Asthma-Mittel** mit der Methode der Radiästhesie vorher getestet, wäre dem Patienten die Niereninsuffizienz erspart geblieben.

Hierzu noch ein Beispiel:

Ein natürliches Medikament, homöopathischer oder pflanzlicher Herkunft ohne jegliche schädliche Nebenwirkung, kann z. B. dem Patienten "A" helfen, bei Patient "B" aber versagen, indem sein Selbstheilungs-System irritiert wird. Also sollte man mithilfe des Pendels immer auch die individuell passende Medizin aussuchen. Auch bei generell unschädlichen Substanzen.

Mit diesen Beispielen aus der Praxis möchte ich nochmals verdeutlichen, wie wichtig es wäre, auch in der Medizin das Wissensgebiet der Radiästhesie einschließlich ihrer Anwendung in den Lehrstoff einzubeziehen.

Auch zu diesem Thema passen die prophetischen Worte unseres Dichters W. v. Goethe:

"Daran erkenn' ich den gelehrten Herrn!
Was ihr nicht tastet, steht euch meilenfern.
Was ihr nicht fasst, das fehlt euch ganz und gar.
Was ihr nicht rechnet, glaubt ihr, sei nicht wahr.
Was ihr nicht wägt, hat für euch kein Gewicht.
Was ihr nicht münzt, das meint ihr, gelte nicht!"

Türöffner zur feinstofflichen Bio-Strahlung

Wie bereits erwähnt, hat Wolfgang v. Goethe diesen **Schlüssel zur feinstofflichen Strahlung** erkannt und eingesetzt: Es ist das siderische Pendel oder die verbesserte Ausführung: die **Einhandrute**. Letztere hat gegenüber dem Pendel, der Wünschelrute oder der "RAC-Puls-Reflexmethode wesentliche Vorteile:

- Eine Hand ist immer frei und kann gegebenenfalls als Abtast-Antenne benutzt werden.
- Ihr Einsatz ist vielseitiger als Pendel, Wünschelrute oder RAC-Folie; (= Puls-Reflex nach *Nogier*: RAC = Reflex Auriculo-Cardiaque).
- Die mentale Beanspruchung ist relativ gering.
- Durch das Kugelkreuz mit den 3 Spitzen ist dieses Bio-Radiometer hochempfindlich (s. Bild 4).
- Nur mit dieser Ausführung ist es möglich, die Testergebnisse auf entsprechenden Messkreisen zahlenmäßig sichtbar zu machen.

Bild 4

Sehr oft wird die Frage gestellt: Wie kann das eigentlich funktionieren?

Dazu gibt es verschiedeneAntworten. Es hängt oft davon ab, welche Einstellung der Anwender hat. Der eine ist davon überzeugt, dass es sein oder seine "Hilfsgeister" (oder Schutzengel) sind, die die entsprechende Reaktion des Bio-Radiometers auslösen.

Andere sehen das etwas **realistischer**. Ihre Auslegung geht von der Bezeichnung "Radiästhesie" aus. Dies ist eine lateinisch-griechische Wortkombination, die so viel wie Strahlenwahrnehmung oder Strahlenfühligkeit bedeutet. Aufgrund dieser Veranlagung ist es möglich, dass der Mensch mithilfe einer Einhandrute, eines Pendels oder einer Wünschelrute über sein Nervensystem unsichtbare Schwingungen (Strahlen), feinstoffliche Vorgänge von Organismen oder sonstigen Substanzen durch entsprechende Reaktionen sichtbar machen kann.

Beim Pendelvorgang ist das Gehirn die Zentrale für ein- und ausgehende Nachrichten. Die dort eintreffenden Strahlungen eines Objektes werden ausgewertet und in Signale verwandelt, die durch die Nervenbahnen geleitet und in den Muskeln die nach der mentalen Abmachung **festgelegten Reaktionen** am Pendelkörper bzw. dem Kugelkreuz des BRM auslösen. Man kann das als biophysikalische Reaktion des Körpers bezeichnen. Mit anderen Worten: Der menschliche Nerv ist ein biologischer Indikator.

Eine **grundlegende Bedeutung** bei dieser Tätigkeit hat die mentale und konzentrierte Fragestellung, die ausgesandt wird.

Die Fähigkeit, ultrafeine Energien körperlich als Strahlungen, Schwingungen oder Energieimpulse wahrzunehmen, ist eine Art "sechster Sinn", der von Natur aus latent bei jedem Menschen vorhanden ist oder war. Durch die Beeinflussung der fortschreitenden Zivilisation ist diese Fähigkeit vielen Menschen verloren gegangen. Bei Kleinkindern oder auch Tieren ist dieser Instinkt noch vorhanden.

Natürlich erfordert der Umgang mit dem Pendel oder dem Bio-Radiometer viel Übung und ebenso die Kenntnis und die Einhaltung bestimmter Regeln, die man sich einprägen muss.

Es gibt eine Menge einschlägiger Literatur (sogenannte Pendelbücher), in denen oft viel unnütze Theorie und Dinge beschrieben werden, die für den normalen täglichen Gebrauch nicht nötig sind.

Auch halte ich es nicht für ratsam, wenn ein Anfänger sogenannte Blindversuche macht, wie es oft in den Büchern empfohlen wird; da kann er bei fehlerhaften Ergebnissen seine Selbstsicherheit verlieren. Und gerade die ist bei der Radiästhesie besonders wichtig. Sobald der "Tester" den geringsten Zweifel an seinem Können bzw. seinen Ergebnissen hat, oder wenn schon eine vorgefasste Meinung in seinem Hinterkopf existiert, gibt es falsche Ergebnisse!

Damit habe ich den großen **Nachteil der Radiästhesie** angesprochen, der den vielen Gegnern und Zweiflern als Argument dient, diese "Wissenschaft" in eine sehr zweifelhafte Ecke zu stellen.

Ich kenne das aus eigenen Fehlern und Erfahrungen, nämlich:

Der größte Feind der Radiästhesie ist:
das Wunschdenken,

oder, wie oben gesagt, eine unbewusste, bereits gefasste Meinung über das Ergebnis.

Der Tester muss immer von der mentalen Einstellung ausgehen, dass er keine Ahnung hat, welches Ergebnis das Bio-Radiometer zeigen wird!

In keinem der einschlägigen Bücher über das Pendeln konnte ich jedoch das finden, was eine der **wichtigsten Voraussetzungen für richtige** Ergebnisse beim Arbeiten mit dem Pendel oder der Einhandrute ist:

- **Sowohl der Tester als auch die Testsubstanz (bzw. der Patient)**
- **muss sich auf einem Platz befinden,**
- **der frei ist von geopathogenen Störzonen!**

Wird diese wichtige Vorschrift nicht eingehalten, erhält man garantiert ein falsches Ergebnis!

Dieser Fehler war Ursache meiner ersten Enttäuschung, als ich vor vielen Jahren in einem Seminar ohne Erfolg versuchte, mit einer Einhandrute zu arbeiten. Zu meinem Glück saß eine ältere routinierte Krankenschwester neben mir und gab mir den Rat, etwas zur Seite zu rücken, da ich vielleicht auf einer Störzone sitze. Und tatsächlich, dann funktionierte es. Ich saß nämlich auf einer Wasserader. Für den Anfänger kann somit eine solche Störung dazu führen, dass seine Einhandrute keine Reaktion zeigt, weil die extrem hohen Frequenzen über Störzonen seine Sensitivität beeinflussen, die noch nicht ausgebildet ist.

In den nächsten Abschnitten werden zu diesem Thema einfache und natürliche Methoden beschrieben, wie man sich störungsfreie Arbeits- oder Bettplätze schaffen kann.

Es kann nicht eindringlich genug darauf hingewiesen werden, welch großer Vorteil und Nutzen die Anwendung der Radiästhesie gerade in der heutigen Zeit für unsere Gesundheit bietet.

Die Natur hat dem Menschen diese Fähigkeit der Sensitivität gegeben, damit wir die geheimnisvolle unsichtbare Welt der feinstofflichen Lebens-Strahlungen enträtseln können.

Zusammenfassung

Den Einfluss der feinstofflichen Bio-Strahlung mithilfe des Bio-Radiometers auf unseren gesamten Lebensbereich sichtbar zu machen, öffnet eine neue Welt, mit deren Hilfe wir uns gegen die Sünden der vielgepriesenen technischen und chemischen Errungenschaften schützen können.

Sie ermöglicht uns festzustellen, ob die angepriesene Medizin für den Körper wirksam ist, ob die Tomate oder Kartoffel aus dem Bio-Laden wirklich giftfrei ist, oder, wie Sie in den nächsten Kapiteln des Buches erfahren werden, welche Mittel es gibt, all dies zu verhindern.

Gewiss! Das Ganze ist keine Methusalemformel, um einige Hundert Jahre alt zu werden, aber es ist immerhin ein erstrebenswertes Ziel:

GESUND ALT ZU WERDEN!

Übersicht über die feinstofflichen Strahlen, die unsere Lebensbereiche beeinflussen

Zum besseren Verständnis der nachfolgenden Kapitel folgt ein Überblick, welche Strahlen für den Menschen besonders wichtig sind:

- Geopathogene Strahlen
- Kosmische Strahlen
- Zellstrahlungen
- Giftstrahlungen
- Radioaktive Strahlung
- Informative Strahlungen aus Handschriften, Foto usw.
- Homöopathische Schwingungen
- Pyramidenstrahlung
- Orgonstrahlung
- Fernstrahlung

Geopathogene Strahlen

Unter diesem Begriff sind krankmachende Strahlen (Frequenzen) zu verstehen, die aus dem Erdinnern nach außen abstrahlen. Dazu gehören

- Unterirdische Wasseradern
- Verwerfungen
- Diagonalgitter – auch Currynetz genannt
- Globalgitternetz

Über dieses Thema gibt es bereits eine Vielzahl von Veröffentlichungen und Fachbüchern. Es ist erstaunlich, wie viele Fachleute aus dem In- und Ausland sich bereits mit dem Phänomen der geopathogenen, also krankmachenden Erdstrahlen auseinandergesetzt, diese überprüft und nachgewiesen haben.

In den vielen Dokumentationen werden die schädigenden Wirkungen dieser extrem kurzwelligen und **hochfrequenten Strahlen** auf den menschlichen Organismus anhand von Statistiken und Beispielen beschrieben. – Trotzdem lehnt die Mehrheit der Menschen den Zusammenhang der geopathogenen Strahlenwirkung und der daraus resultierenden

Krankheitsursachen als Fantasie ab - und die orthodoxe Wissenschaft sowieso. Dabei sind die nachgewiesenen Fälle von Erkrankungen aufgrund gestörter Bettplätze so eindeutig, dass man sich über die Ignoranz nur wundern kann. Eine typische Einstellung zu diesem Thema zeigt die Äußerung eines Diplomingenieurs in einem Leserbrief, in dem er sich als "strahlenresistent" bezeichnet und das Ganze als Plazeboeffekt beschreibt!

Analog zu diesem Thema sind solche schädigenden Einflüsse auch bei Tieren und Pflanzen zu finden:

Die Krebsbeulen an vielen Baumstämmen oder deren Drehwuchs sind ein typisches Zeichen dafür. So findet man z. B. im Garten bei Karotten starke "Zwieselbildungen", wenn sie auf einer geopathogenen Störzone wachsen. Eine Folgerung zu diesen "Fehlwüchsen" in der Pflanzenwelt ergibt den logischen Schluss:

Wenn Pflanzen so auf geopathogene Strahlen reagieren, wieso sollte das bei Menschen oder Tieren anders sein?

Außerdem sind diese Zusammenhänge durch neue Untersuchungen des "Nationalen Fonds für Krebsbekämpfung" weitgehend bestätigt worden. Millionen werden für die Krebsvorsorge ausgegeben, dabei sollte die Untersuchung des Bettplatzes als wesentliche Vorsorgemaßnahme **an erster Stelle** stehen.

Erst seit einigen Jahren scheinen sich zahlreiche junge Ärzte, von Existenzproblemen bedroht, aus eigenem Antrieb mit den Grundsätzen der Naturheilkunde und den Wirkungen der feinstofflichen Strahlungen zu beschäftigen.

Sehr aufschlussreich sind auch die Erfahrungen des "*Dr. med. E. Hartmann*" - Leiter des "Forschungskreises für Geobiologie", die er in seinem Buch *"Krankheit als Standortproblem"* zusammengefasst hat.

Ich habe schon viele Menschen getroffen, die sagen: "Ich liege schon jahrelang in diesem Bett und schlafe fest und gut".

Doch Jahre später traten unerwartet und überraschend schlimme Kreuzschmerzen, Rheuma oder gar kanzeröse Beschwerden auf.

Die gesundheitsschädliche Wirkung der Bodenstrahlungen tritt also, je nach Konstitution des Menschen, oft erst nach vielen Jahren in Erscheinung, während sich bei anderen empfindlicheren Menschen schon nach kurzer Zeit Krankheitsbeschwerden zeigen. Je nachdem, wo im Körper eine schwache bzw. empfindliche Stelle vorliegt, **beginnt die Wirkung** der schädlichen Erdstrahlen.

Gerade während ich dieses Buch schreibe, habe ich wieder einen solch typischen Fall erlebt, der es wert ist, im Zusammenhang mit dem obigen Thema geschildert zu werden:

Eine Nachbarin (ca. 70 Jahre alt) sagte mir zum Thema Bettplatzentstörung bereits vor Jahren, sie habe einen guten Bettplatz und schlafe wunderbar. Doch nun kam sie und erzählte mir, sie müsse dringend in ein Krankenhaus zur Untersuchung, da sie seit einem Jahr Hüftschmerzen habe, die nun so schlimm wären, dass sie kaum noch gehen könne - vermutlich habe sie außerdem Osteoporose und brauche ein künstliches Hüftgelenk.

Daraufhin wurde ich neugierig und testete bei ihr mit dem Bio-Radiometer und dem entsprechenden Messkreis, auf dem alle vorkommenden Störzonen eingetragen sind, mit der Frage: "Welche Störzone ist an ihrem Bettplatz?"

Mehrmalige Messungen ergaben immer überraschenderweise dasselbe Ergebnis, nämlich:

- Kreuzung zwischen Wasser und Curry!
- Dieses Ergebnis stimmte mit der anschließenden Messung am Bettplatz genau überein.

Der Platz wurde dann mit einem Kopierstreifen von der Cheops-Pyramide (wird später noch beschrieben) entstört.

Nach der ersten Nacht entstand infolge der Umstellung eine Erstverschlimmerung, d. h. die Schmerzen waren noch schlimmer als sonst. Sie wurden dann mit jeder Nacht weniger und nach der vierten Nacht war die Frau total frei von ihren Hüftschmerzen!

Für sie war es ein kleines Wunder, wofür sie überaus dankbar war. Solche Fälle gibt es massenweise. Die Menschen gehen zu ihrem Arzt oder Heilpraktiker und schildern ihre Symptome. Dann wird meistens darauf lostherapiert mit Pillen, Spritzen und dgl., ohne nach der Ursache der Beschwerden zu suchen.

Dabei wäre jeder Arzt oder Heilpraktiker in der Lage, entweder mithilfe eines der vielen in den Praxen anzutreffenden elektronischen Geräten (Pitterling, BFD usw.) oder mit Pendel bzw. Bio-Radiometer festzustellen, ob die Beschwerden mit einem gestörten Bettplatz zusammenhängen.

Ich kenne eine Heilpraktikerin, die mit dem Bio-Radiometer jeden neuen Patienten erst nach Störungen an seinem Bettplatz austestet. Das ist kein großer Zeitaufwand und dauert nur etwa eine Minute. Fällt der Test positiv aus, erhält der Patient die Adresse eines jungen Mannes, der den Bettplatz überprüft und mit einer natürlichen wirksamen Methode entstört (wird später noch beschrieben).

Erst danach beginnt - wenn überhaupt noch nötig - eine Therapie, um die vorher entstandenen Beschwerden zu beheben.

Gewiss werden mit einer solchen Methode manche Mediziner bzw. Heilpraktiker Geld einbüßen, weil die Therapie kürzer wird oder nicht mehr nötig ist. Der Erfolg der Praxis und viele neue Patienten werden diesen vermeintlichen Verlust schnell ausgleichen.

Außerdem haben diese Berufe ja schließlich auch ethische Grundsätze, nach denen sie verpflichtet sind, dem Menschen zu helfen, wobei Geldverdienen nicht an erster Stelle steht.

Das wäre doch ein Modell für unser Gesundheitswesen – medizinische Fachkräfte aufzuklären und zu verpflichten, solche Testungen durchzuführen, oder durchführen zu lassen, ehe sie mit der Behandlung der Symptome beginnen.

Gleichzeitig könnten geeignete und sensitive junge Leute als Mitarbeiter für das Austesten von Bettplätzen und der notwendigen Entstörung ausgebildet werden. Das brächte zudem noch neue Arbeitsplätze.

Hinweis

Heute gibt es eine einfache und zuverlässige Bettplatzentstörung, die problemlos mit auf Reisen genommen werden kann, um sich auch an anderen Orten, wie z. B. im Hotel, vor Störzonen zu schützen (zu beziehen von ReVitaMed, Adresse am Ende des Buches).

Ein störungsfreier Bettplatz ist im Übrigen eine unabdingbare Voraussetzung für den nachhaltigen Erfolg der Regulationstherapie mit dem Strahlen-Konverter.

Warum sind diese geopathogenen Strahlen für unseren Organismus so gefährlich?

Um die Wirkungen dieser Strahlen auf den menschlichen Organismus zu verstehen, muss man sich mit ihren charakteristischen Merkmalen auseinandersetzen. Erst dann ist es möglich, die entsprechenden Gegenmaßnahmen zu treffen und zu **beurteilen.**

Das wesentliche Merkmal dieser Strahlen sind die **extrem hohen** Frequenzen und damit auch ihre **extrem niedrigen Wellenlängen.** Da bei so kurzen Wellenlängen keine größeren Amplituden möglich sind, ist die Strahlungsintensität entsprechend niedrig, weshalb sie mit keinem technischen Messgerät erfasst werden können. Was meistens nicht beachtet wird oder gar unbekannt ist, das liegt in dem folgenden physikalischen Unterschied:

- Diese hohen Frequenzen sind **um ein Vielfaches höher** als die höchsten kosmischen Einstrahlungen aus dem Weltraum, nämlich: 10^{40} Hz, und bei Überkreuzungen sogar bis zu 10^{50} Hz.

Das sind kaum vorstellbar viele Strahlungsimpulse je Sekunde! Und daraus resultieren die extrem kurzen Wellenlängen. (Die Schreibweise z. B.10^{40} bedeutet eine 1 mit vierzig Nullen.)

Aus der Physik ist bekannt, dass die **Strahlendurchdringlichkeit** um so größer ist, je höher die Frequenz also die Hertz-Zahl liegt. Daraus erklärt sich die Tatsache, dass solche Störstrahlen ungehindert durch alle Materialien und Stockwerke gehen, egal wie viele Etagen ein Hochhaus hat. So habe ich im 28-ten Stockwerk eines Hotels in Hongkong dieselben geopathogenen Störstrahlen festgestellt wie im Erdgeschoss. Auch erklärt sich durch diese Eigenschaft der **ultra kurzen Wellenlängen**, warum diese Strahlen mit technischen Geräten nicht messbar sind.

Ergänzend zu dem Problem der Messung von Störzonen sei hier auf Folgendes hingewiesen: "Geooder Baubiologen" führen gegen "entsprechendes" Honorar Messungen mit einem "Geo-Magnetometer" durch. Die Ergebnisse werden mit einem Computer aufgezeichnet (s. Bild 5).

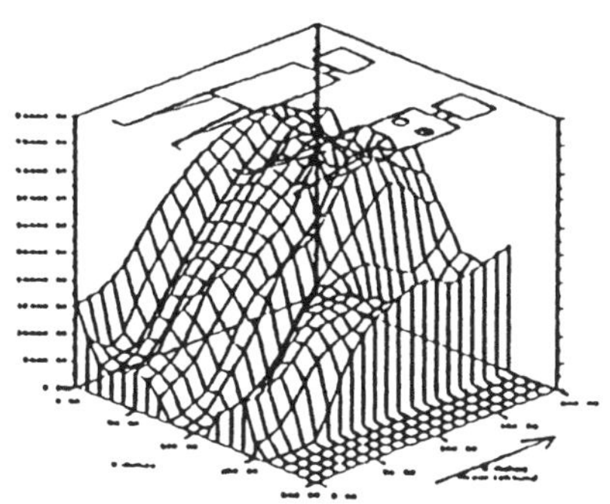

Bild 5: 3D-Grafik eines stark gestörten Bettplatzes; gemessen mit Geo-Magnetometer BPM 20001, Grafikdruck mit Geo-Graph BPM 3009

Das klingt zwar sehr wissenschaftlich und imponierend, aber in Wirklichkeit werden nur die durch Störzonen verursachten Anomalien des Erdmagnetfeldes gemessen. Die Ursachen können aber auch andere, magetische Störeinflüsse sein.

Nach den Erfahrungen, die ich mit diesem Gerät gemacht habe, halte ich nicht viel von dieser Methode, zumal sie zeitaufwendig und relativ teuer ist. Es ist dabei auch nicht möglich zu unterscheiden, **welche Art von Erdstrahlen** die Anomalie hervorruft.

Das zu wissen ist aber gerade bei einer Bettplatzuntersuchung **wichtig**, denn es gibt auch Störzonen, die "wandern"!, das heißt, sie verändern ihre Lage je nach Witterung, Jahres- oder Tageszeit.

➤ Diese Eigenart haben leider die "**Diagonal-Gitternetze**" auch "Curry-Strahlen" genannt. (Der deutsch-amerikanische Arzt Dr. Curry hat diese pathogenen Störstrahlen erstmals in den zwanziger Jahren gefunden und beschrieben, siehe Bild 6.)

Aufgrund dieser ständigen Wanderung bzw. Lagenverschiebung ist verständlich, dass es eigentlich **keinen "guten Platz"** geben kann. Ich habe sehr oft feststellen müssen, dass "Rutengänger" nach ihren Messungen den Leuten empfahlen, die Betten zu verstellen, um aus der Curry-Zone herauszukommen (sofern dies in dem Raum überhaupt möglich war).

Solche Maßnahmen können zum Zeitpunkt der Messung richtig sein. Auf Dauer ist das aber wegen der ständigen Lageveränderung der Netze keine gute Lösung.

Es sieht so aus, als ob sich seit einigen Jahren die Diagonal-Gitternetze (Curry) wesentlich stärker verschieben, was oft innerhalb von Stunden der Fall ist. Möglicherweise üben die in der Erde verlegten Energie-Versorgungsleitungen oder die Unzahl der technischen Fremdstrahlungen mit ihren elektromagnetischen Feldern einen Einfluss auf die Lage der Störzonen aus. Sicher werden Sie sich nun fragen:

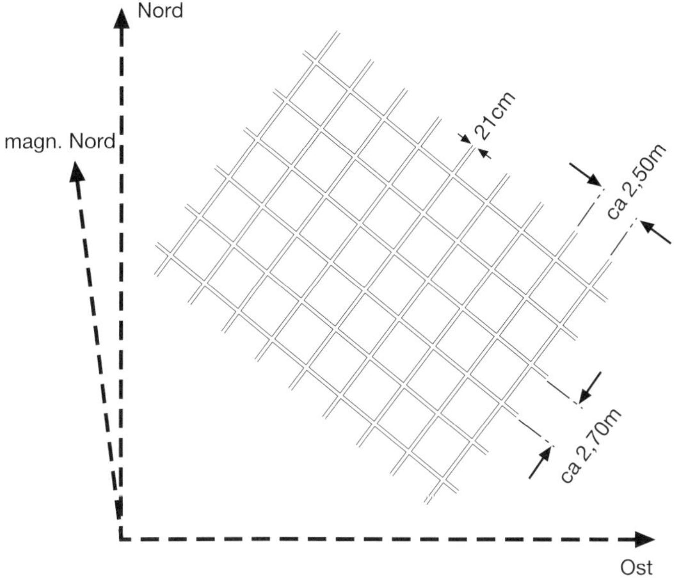

Bild 6

Gibt es überhaupt störungsfreie Plätze?

Die Antwort lautet nach meinen vielen Messungen und Erfahrungen, die ich dabei gemacht habe:

"So gut wie nicht, oder höchstens nur zeitweise!"

Wie bereits angesprochen, ist das Thema der sogenannten Störzonen von besonderer Bedeutung für den "Schlafplatz". Dort halten wir uns jede Nacht etwa acht Stunden auf, während wir am Tage öfters den Standort wechseln. Kritisch wird es dagegen auch, wenn man den ganzen Tag auf einem gestörten Arbeitsplatz sitzen (oder stehen) muss.

Hinzu kommt, dass die Intensität der Störstrahlen in der Nacht wesentlich stärker ist als am Tage.

Über die spezifischen Merkmale der verschiedenen Störzonen (Wasser, Curry, Verwerfung, Globalgitter) soll hier nicht weiter eingegangen werden. Es gibt dazu einschlägige Literatur. Auch in meinem Buch "*Einhandrute und Pyramidenenergie*" sind dazu ausreichende Informationen zu finden.

Eine total falsche Information schreibt leider "*Der Spiegel*" in seiner Ausgabe Nr. 21! Dort heißt es wörtlich:

"Großversuche haben belegt, dass das Rutengehen unsinnig ist. Es gibt weder unterirdische Wasseradern noch Erdstrahlen."

Aber nicht nur manche Journalisten haben in dieser Hinsicht eine geistige Blockade. Auch unsere Regierung leidet vermutlich an dieser Krankheit. Ein Beweis ist der folgende, 1985 erschienene Zeitungsartikel:

"Keine neuen Verfahren gegen Krebs."

> *"Bonn (dpa) Die Bundesregierung setzt bei der Krebsbekämpfung nach wie vor auf die konventionelle Medizin. Die Grünen hatten zum Thema "Krebsbekämpfung" eine große Anfrage im Bundestag eingebracht und den verstärkten Einsatz von naturheilkundlichen oder "unkonventionellen" Verfahren gefordert. Die Bundesregierung reagierte darauf mit einer Meldung der Parlaments-Korrespondenz, in der es heißt, bisherige Erfolge bei der Bekämpfung von Krebserkrankungen etwa bei Kindern seien ausschließlich mit den konventionellen Verfahren erzielt worden.*
> *Ihr bisheriges Programm zur Bekämpfung von Krebskrankheiten wertet die Bundesregierung insgesamt als effektiv (!). Beim Rauchen setze man weiter auf die Aufklärung der Bevölkerung".*

Solche Behauptungen bzw. Einstellungen sind schädlich und zeugen von totaler sachlicher Unkenntnis.

Und nun zur Antwort auf die Frage, wie solche Störstrahlen den menschlichen Organismus beeinflussen können: Unsere Körperzellen werden durch die Nahrungsaufnahme – (vorausgesetzt, es sind keine toten Lebensmittel!) und die kohärenten (= identisch, harmonisch) UV- und IR-Schwingungen aus dem Kosmos stetig angeregt, d. h., auf eine normale Schwingungsintensität eingestellt.

Befindet sich aber der Mensch über einer der verschiedenen Störzonen (Erdstrahlen), so erhält er **keine Schwingungsanregung** mehr von oben. Es geschieht dann genau das, wovor bereits der bekannte Forscher *"Laskovsky"* gewarnt hat, indem er sagte:

"Ohne Schwingung ist kein Leben möglich!"

Hinzu kommt, dass diese körperfremden und extrem hohen Frequenzen der Erdstrahlen die Zellschwingungen stören und im Laufe der Zeit deren "Programmierung" verändern, was unweigerlich zu Gesundheitsstörungen führt.

Es passiert im Grunde dasselbe wie beim Radiohören, wenn in der Nähe ein Störsender (elektrischer Rasierapparat oder ein Kollektormotor) in Betrieb ist. Dessen Wellen überlagern die Sendewellen, sodass der Sendeton stark gestört wird und kaum mehr zu hören ist.

Wieso über den Störzonen keine kosmische Einstrahlung mehr erfolgen kann, soll das nachstehende Beispiel bildlich verdeutlichen (s. Bild 7).

Sicher haben Sie einmal einen kleinen Springbrunnen gesehen, auf dessen Strahl-Ende ein Tischtennisball tanzt. Stellen Sie sich vor, der kleine Ball wäre die kosmische Einstrahlung zur Erde. Aber durch den starken Wasserstrahl von unten wird

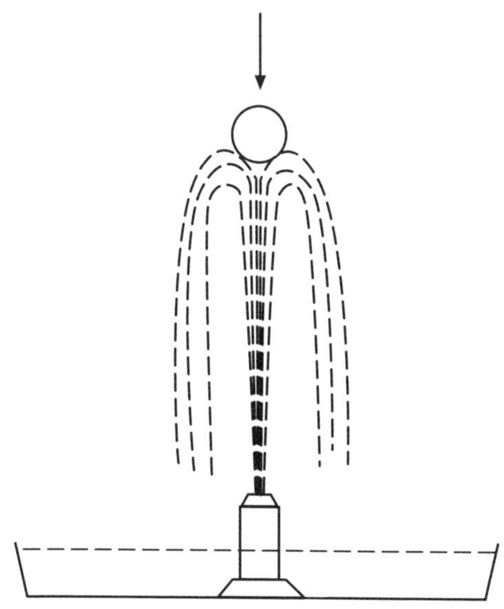

Bild 7

er abgebremst und kann infolge seiner Schwerkraft nicht zur Erde fallen. Der Wasserstrahl ist in diesem Falle vergleichbar mit den überstarken Erdstrahlen.

Genauso ergeht es dem betroffenen Menschen, der über einer Störzone schläft oder sitzt. Er kann einerseits keine kosmische Schwingungsanregung mehr bekommen, und andererseits werden seine Zellschwingungen durch die hohen, körperfremden Frequenzen im Laufe der Zeit unweigerlich krank.

Würde man nun in dem obigen Beispiel den Wasserstrahl abstellen, würde der Ball sofort zur Erde herabfallen.

Dasselbe geschieht am Bettplatz, wenn die Erdstrahlen durch eine wirkungsvolle Entstörung abgelenkt bzw. eliminiert werden – die kosmische Einstrahlung kann den Betroffenen wieder erreichen und die Zellschwingungen werden nicht mehr gestört.

Die beschriebene Störung der Zellschwingungen ist aber leider nicht die einzige schädliche Auswirkung durch Erdstrahlen! Gleichzeitig wird eine Anomalie des Erdmagnetfeldes hervorgerufen, das heißt, es verläuft nicht mehr korrekt in der NORD-SÜD-Richtung. Aber viel störender als diese Erdmagnetfeld-Verschiebung ist noch eine andere Auswirkung der Erdstrahlen, nämlich:

Erhöhte Plus-Ionisierung der Luft über den Störzonen

Normalerweise liegt die Luftionisierung in der Natur, wenn sich nicht gerade ein Umspannungstrafo oder dergleichen in der Nähe befindet, bei etwa 1:1. Das heißt: Die Luftmoleküle sind im Gleichgewicht (1 Plus-Ion gegenüber 1 Minus-Ion).

Mit dem Bio-Radiometer und dem entsprechenden Messkreis ist jedoch **über allen Störzonen** ein erheblicher Plus-Ionenüberschuss festzustellen, nämlich 5 bis 6 Plus-Ionen gegenüber 1 Minus-Ion!

Bekanntlich bilden die Zellmembranen eine elektrische Doppelschicht, auf der ein beachtlicher **Potenzial-Unterschied** besteht.

- Das bedeutet, dass die Außenseite der Zellmembran *pluspolig* und die Innenseite *minuspolig* ist.
- Beides ist bei der gesunden Zelle im **Gleichgewicht.**

Liegt nun ein Organ mit seinen vielen Zellen in einem solch extremen Plus-Milieu einer Störzone, so wird ihr elektromagnetisches Gleichgewicht gestört, das heißt, die Zellen werden **depolarisiert**, was unweigerlich im Laufe der Zeit Krankheitssymptome auslöst.

Zusammenfassung der Auswirkungen von Störzonen auf den menschlichen Organismus:

1. Die körperfremden, hohen Frequenzen der Störzonen blocken die kosmische Einstrahlung total ab. Es findet keine Schwingungsanregung der Zellen mehr statt.
2. Die übermäßige Plus-Ionisierung über den Störzonen bringt das elektro-magnetische Potenzial der Zellen aus dem Gleichgewicht, das heißt, es entsteht eine ständige **Depolarisation** der Zellmembranen.
3. Die Störstrahlungen bewirken eine Anomalie des Erdmagnetfeldes.

Welche Möglichkeiten gibt es, um Erdstrahlen zu eliminieren?

Mit dieser Frage wird das *schwierigste* Problem der Radiästhesie angesprochen. Die Feststellung, ob und welche Störzonen an einem Bett- oder Arbeitsplatz vorliegen, ist im Grunde kein Problem, wohl aber die Antwort auf die Frage: Wie sind solche Einflüsse zu beseitigen?

- Das erfordert Erfahrung und die Kenntnis der unterschiedlichen Prüf- und Testmethoden.

Da die Eliminierung von Störzonen so wichtig ist, tummeln sich in dieser Marktlücke unzählige Anbieter mit allen möglichen Lösungen, zum Teil für sehr viel Geld.

Kein Wunder, denn allein in der BRD sterben jährlich etwa 220.000 Menschen an Krebs. Es ist mit Sicherheit anzunehmen, dass davon mindestens die Hälfte auf das Konto der geopathogenen Störeinflüsse zurückzuführen ist.

Für die Krebsvorsorge und -hilfe werden jährlich über hundert Millionen Euro aufgewendet. Diese Organisationen sollten sich lieber einmal mit dem Problem der Bettplatz- bzw.

Arbeitsplatz-Entstörung befassen. Außer der sehr häufigen Krebserkrankung können auch viele andere Krankheitssymptome die Folgen gestörter Bettplätze sein, wie zum Beispiel:

- Rückenschmerzen, Rheuma,
- Herzbeschwerden,
- Hüftschmerzen,
- Schlafstörungen usw.

Es ist verständlich, dass viele Menschen in solchen Situationen nach jedem Strohhalm greifen und eines der vielen angebotenen "Entstörmittel" für viel Geld kaufen, ohne es vorher testen zu können.

Viele Händler und auch Hersteller übernehmen und preisen die Anwendung von Entstörmitteln an, deren Wirksamkeit sie oft selbst nicht beweisen können. In den meisten Fällen unterliegen die Hersteller der irrigen Vorstellung, dass ihr Produkt wirksam sei. Dieses **Wunschdenken** behalten sie dann auch bei der Prüfung oder Vorführung durch ihre Wünschelrute, Pendel oder Einhandrute bei.

Die Verkäufer dieser Geräte legen dann auch immer wieder eine erschreckende Unkenntnis über den physikalisch-technischen Hintergrund der Strahlencharakteristik an den Tag:

Um Störstrahlen eliminieren zu können, muss man als Erstes Folgendes wissen:

1. ihre Größenordnung (Frequenz),
2. ihre Eigenschaften (Polarität).

Und genau dieselben Kriterien müssen von dem Entstörmittel bekannt sein, das angewendet werden soll.

Beide gegensätzlichen Größen – nämlich die Störstrahlung und das Entstörmittel – müssen dieselben Eigenschaften, aber in umgekehrter Polarität haben!

Nun fragen Sie einmal einen der Hersteller oder Anbieter:

- *Welche Frequenz hat denn eine geopathogene Störstrahlung?*
- *Und welche Frequenz gibt Ihr Entstörmittel ab?*

Sie werden darauf selten eine Antwort bekommen. Eine bekannte Herstellerin, die, wie sie sagt, ihre Geräte **rein intuitiv** konzipiert, gab auf die obige Frage zur Antwort:

"Das weiß ich nicht"!

Genau dasselbe trifft auf all die vielen Angebote zu, von denen ich Ihnen anschließend einige Kostproben zu Ihrer Orientierung gebe.

Ich möchte Ihnen damit zeigen, wie gefährlich und teuer es sein kann, **wenn man nicht informiert und nicht kritisch genug ist.**

Vorher möchte ich diese grundsätzlichen Voraussetzungen noch an einem einfachen Beispiel darstellen:

Wenn ein Verkäufer einem Kunden einen Anzug verkaufen will, dann kann er nicht willkürlich einen von der Stange nehmen, sondern muss die Größe und Statur seines Kunden kennen. Erst dann kann er den passenden Anzug auswählen und so den Käufer zufriedenstellen.

Mit dem Entstörmittel ist es genau dasselbe. Der Hersteller muss die Größe der Störstrahlung, also deren Frequenz und ihre Eigenschaft (plus oder minus) kennen, die abgebende Frequenz seines Entstörmittels und deren Eigenschaft (Polarität)! Beides muss zusammenpassen, wie der Anzug zu dem Käufer in dem obigen Beispiel. Durch eine entgegengesetzte Polarität entsteht dann eine "destruktive Interferenz" bzw. eine "Abstoßung" sprich: LÖSCHUNG! bzw. Eliminierung.

Aber hierzu muss man auch die Technik kennen, wie der Radiästhesist eine Frequenz messen kann. Grundsätzlich kann das jeder sensitive Pendler oder Benutzer eines Bio-Radiometers, indem er einen entsprechenden Messkreis benutzt. Ein solch spezieller Messkreis ist im nachstehenden Bild 8 dargestellt:

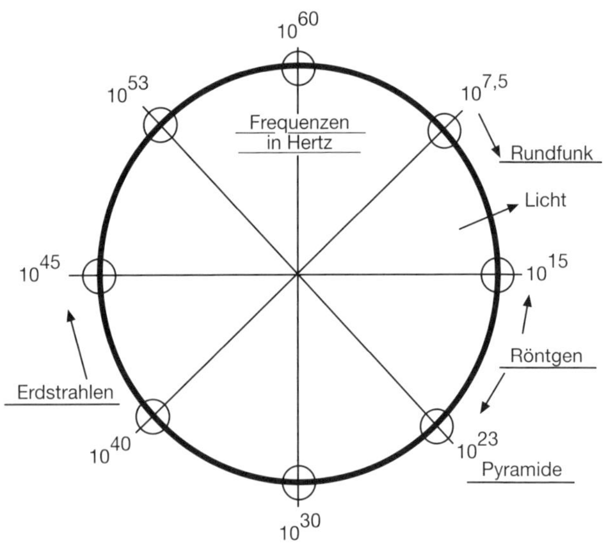

Bild 8

Wie das gehandhabt wird, habe ich in meinem Buch "*Einhandrute u. Pyramidenenergie*" (dritte Ausgabe) Seite 90 eingehend beschrieben.

Und nun einige Beispiele von Angeboten über Entstörmittel, die in den Zeitschriften bzw. Reklameblättern angepriesen werden und bei denen ich dringend empfehle, diese nach mehreren Methoden auf Wirksamkeit zu prüfen:

- Energie-Pyramidenmodelle,
- Bettlaken mit Kupferfäden oder eingedruckten Symbolen,
- Fotoblätter in den Farben Rot und Hellbraun,
- Sogenannte tachionisierte Scheiben oder Platten (USA),
- Photonen-Matten,
- Schwingkreise,
- Spiralen oder gebogener Draht in der Form einer "8",
- Korkplatten,
- Energetikplatten als "Bio-Energie-Generator",
- Kunststoffstäbe mit eingegossenen Kristallsplittern,
- Lichtenergiegeräte,
- Abarispfeil,
- Rauh-Kupfer-Betteinlagen

Von dieser kleinen Auswahl soll als typisches Beispiel auf eines der "Licht-Energie-Geräte", den sogenannten Lichtenergie-Globus, näher eingegangen werden. Dort heißt es in der Reklame-Beschreibung u. a. wortwörtlich:

"Der Globus harmonisiert als Lichtenergie-Generator im Umkreis von 15 Metern und ***entstört alle geopathogenen*** *Zonen".*

Die Messungen mit dem "Frequenz-Messkreis" ergeben aber nur eine Strahlung, die im optischen Frequenzbereich, also etwa bei 10^{14} Hertz liegt (UV-IR-Bereich).

Zweifellos ist mit dieser Kreation des "Lichtenergie Globus" der Frau v. Reden ein hübsches Kunstwerk gelungen, mit dem man auch Heilerfolge erzielen kann. Jedoch die Behauptung in der Reklame, dass damit auch im *"Umkreis von 15 Metern alle geopathogenen Zonen entstört werden"*, ist technisch **unmöglich und irreführend**!

Um eine destruktive Interferenz, also eine Löschung zu erreichen, müssen beide Schwingungen dieselben Frequenzen und gegenteilige Polaritäten haben!

Da aber geopathogene Zonen extrem hohe Frequenzen von ca. 10^{45} Hertz abstrahlen, kann nach Adam Riese ein solcher "Licht Globus" nichts bewirken.

Außerdem bin ich sicher, dass dieses Gerät nicht funktionieren kann, wenn es auf einer Störzone steht, da doch in einem solchen Fall seine Schwingungsanregung durch kosmische Strahlen oder durch die Erdfrequenzen blockiert ist.

Die obige Aufzählung gibt nur einen Teil der angebotenen Entstörmittel wieder. Über hundert solcher ähnlicher Mittel sind in den Reklameseiten bestimmter Fachzeitschriften zu finden.

Jeder der Anbieter ist vermutlich von der Wirksamkeit seines Produktes überzeugt, was durch sein Wunschdenken bei der Prüfung bestätigt wird.

Ich habe eine Vielzahl solcher Geräte kennengelernt und auf "Herz und Nieren" getestet – leider jedes Mal ohne Erfolg. Dabei fand ich sogar Fälle, die von namhaften Wissenschaftlern geprüft sein sollen, aber medizinisch sehr gefährlich waren und eigentlich verboten werden müssten!

Oft findet man den Satz aufgedruckt: *"Bitte nicht öffnen"!* Außerdem sind die Konstruktionen meist so ausgeführt, dass man sie ohne zu zerstören nicht öffnen kann. In einem der Fälle fand ich zur Entstörung unter einem Bett eine Konservenbüchse mit angeblichen Diamantsplittern als Inhalt. Nach dem gewaltsamen Öffnen kamen lediglich Kieselsteine zum Vorschein!

Besonders bedenklich wird es, wenn ein Baubiologe Bleiplatten oder ein Heilpraktiker Spiegel unter die Betten legt! Und all das geschieht in den meisten Fällen zu horrenden Preisen.

➤ **Eine wichtige Schlussfolgerung aus all diesen Ergebnissen ist die Erkenntnis, dass ohne physikalische Sachkenntnisse kein wirksames Entstörgerät entwickelt und empfohlen werden kann.**

Meistens sind es sensitive Menschen, die meinen, intuitiv eine Entstörmethode gefunden zu haben und auch fest daran glauben, dass es funktioniert. Infolge dieser vorgefassten mentalen Meinung erhalten sie dann auch die entsprechende Reaktion ihrer Wünschelrute oder des Pendels!

Unter den angebotenen Entstörmitteln gibt es aber auch solche, die tatsächlich in der Lage sind, geopathogene Strahlen zu eliminieren.

Das ist zwar verblüffend, aber bei eingehender Überprüfung leider medizinisch nicht vertretbar. Nehmen wir z. B.

die vielfach angebotenen Spezial-Korkplatten. Über diesen Platten ist ein frequenztoter Raum festzustellen. In einem Fall wurden solche Platten als Entstörung unter einen Hamsterkäfig gelegt, um auch diese Tiere vor krankmachenden Strahlen zu schützen. Doch nach ca. zwei Wochen starben die Tiere trotz bester Pflege.

Es gibt noch mehr solcher Angebote, auf die hier nicht näher eingegangen werden soll, da die Anbieter sonst aufgrund ihrer Unkenntnis der Materie dies als Geschäftschädigung beklagen könnten.

Wie ein angebotenes Entstörmittel fachlich auf einwandfreie und gesundheitliche Wirksamkeit überprüft werden kann, soll in dem nachfolgenden Kapitel aufgezeigt werden.

Wie testet man ein Entstörmittel auf einwandfreie Wirksamkeit?

Eine grundsätzliche Voraussetzung für ein sicheres Ergebnis ist Folgendes:

- Eine ausschließlich mentale Prüfung mittels Wünschelrute, Pendel oder Einhandrute reicht für eine Beurteilung der gesundheitlichen Wirksamkeit eines Entstörmittels in keinem Fall aus! Bei dieser Methode spielt nämlich in den meisten Fällen das bereits erwähnte Wunschdenken eine große Rolle.

Es ist somit unerlässlich, **mehrere Prüfmethoden** zur Kontrolle durchzuführen.

Die notwendigen Bedingungen, die dabei erfüllt sein müssen, sind Folgende:

- Die kosmische Einstrahlung darf nicht abgeblockt werden.
- Über dem entstörten Platz darf kein schwingungstoter Raum entstehen.

- Die innerhalb des entstörten Platzes herrschende Strahlungsintensität darf 8000 Bovis-Einheiten nicht überschreiten (s. Anhang H, Bovis-Einheiten).
- Der Hautwiderstand darf sich nicht verändern.
- Pyramiden-Modelle oder Orgonstrahler müssen ihre volle Strahlungsintensität abgeben.
- Normale Plus-Minus-Ionisierung der Luft (s. Anhang G).

Bei der Testung dieser hochfrequenten Störstrahlen fehlen uns aus den vorausgehend geschilderten Gründen geeignete technische Messgeräte. Als Ersatz hierfür benutzen wir sogenannte "Pendel- bzw. Messkreise". Sie bilden praktisch das "Zifferblatt" für die Anzeige des Pendels oder der Einhandrute (Bio-Radio-Meter mit Kugelkreuz). Damit kann die mentale Beeinflussung etwas unterdrückt werden und die oben genannten Bedingungen werden mithilfe des sogenannten Zifferblattes zahlenmäßig angezeigt.

• • ● • •

1. Strahlungszustand bzw. kosmische Einstrahlung

- Mit dem "**Messkreis für Frequenzen**" wird die ankommende Strahlung in Hertz (Hz) festgestellt (s. Bild 8).
- Bei **störungsfreiem** Platz muss das BRM eine Frequenz von ca. 10^{23} Hz anzeigen.

- Bei **vorhandener Störzone** zeigt das BRM weit höhere Frequenzen an, nämlich ca. 10^{40} bis 10^{45} Hertz! Das würde beweisen, dass diese verwendete Entstörmethode **nicht brauchbar** ist.
- Bei solchen Messungen kann aber auch unter Umständen etwas Unerwartetes eintreten, nämlich dass der Suchkreis des Pendels oder des BRM **aufhört** zu **kreisen** und schließlich im Nullpunkt des Messkreises stehen bleibt.
- Das bedeutet, dass dieses Entstörmittel einen **"schwingungstoten" Raum** (ca. 1.50 m hoch) erzeugt.

Diese Wirkung ist bei einigen angebotenen Entstörmitteln leider festzustellen! Hier ist besondere Vorsicht geboten, denn dadurch wird z. B. dem Schläfer die **Zellenergie regelrecht abgesaugt,** was auf Dauer oder gar bei längerer Krankheit nicht verantwortet werden kann. (Siehe Seite 56 das Beispiel mit den Hamstern.) Ein weiterer klarer Beweis für einen schwingungstoten Platz ist folgendes Experiment:

Stellen Sie ein mit einer Pyramide energetisiertes Glas Wasser auf einen solchen angeblich entstörten Platz.

Nach ca. 10 Sekunden lässt sich mit dem Bovis-Meter an dem Wasser keine Strahlungsintensität mehr feststellen!

Das bedeutet, dass wir nun **totes** Wasser haben, denn die ganze Energie ist **total abgesaugt.** Sehr interessant ist dieses Experiment auch mit einer sogenannten Tachionenscheibe.

• • ● • •

2. Kontrolle der Strahlungsintensität

Es gibt Entstörmethoden, die sehr gute, gesunde Schwingungen erzeugen, bei denen aber die Strahlungsintensität zu hoch liegt, was z. B. auch an "Orten der Kraft" der Fall ist. In solchen Fällen wird der Betroffene zu stark energetisiert und kann nicht einschlafen.

Diese Kontrolle geschieht mit einem Messkreis über die Strahlungsintensität. Über dem entstörten Platz dürfen **nicht mehr und nicht weniger** als 7.000 bis 8.000 Bovis-Einheiten herrschen, wenn er in Ordnung sein soll (s. Anhang H).

• • ● • •

3. Funktionsprüfung bei Pyramiden, Orgonstrahler, Energieplatten usw.

➤ Es sollte allgemein bekannt sein, dass alle Energiegeräte zum Schwingen angeregt werden, entweder durch kosmische Einstrahlung, durch die Erdfrequenz oder die Resonanz der Schuhmannwellen (Anhang B). Darunter fallen Pyramidenmodelle, Orgonstrahler, Energieplatten, Ankh-Kreuze, Kristalle (!) usw.

Solche Geräte funktionieren, das heißt, sie geben nur dann Schwingungsimpulse ab, wenn sie sich auf einem störungsfreien Platz befinden.

Diese wichtige Tatsache ist eine ideale Möglichkeit, um einen entstörten Platz auf Wirksamkeit zu testen. Alle oben genannten Geräte **müssten** einwandfrei arbeiten.

• • ● • •

4. Kontrolle mit dem "Messkreis für Störzonen"

- Es gibt einen Messkreis, auf dem alle vorkommenden geopathogenen Störzonen aufgezeichnet sind.
- Sofern die Entstörmethode in Ordnung ist und alle unter 1 bis 3 angeführten Ergebnisse positiv sind, wird das Bio-Radiometer bei Anwendung dieses Messkreises einen "störungsfreien Platz" anzeigen.

• • ● • •

5. Kontrolle der Luftionisation

- Normalerweise sind die Luftmoleküle über einem entstörten Platz mit ihrer Plus-Minus-Aufladung in etwa im **Gleichgewicht**, das heißt, es besteht dann ein Verhältnis des Plus zu Minus von 1:1 (s. Anhang G).

Dagegen besteht **über** einer **geopathogenen Störzone** eine **sehr hohe Plus-Ionisierung der** Raumluft. Mit dem entsprechenden Messkreis erhält man in solchen Fällen ein

Ergebnis von 4 bis 6 Plus-Ionen gegenüber 1 Minus-Ion! Die Auswirkung auf den menschlichen Organismus würde eine akute Depolarisierung der Zellen bedeuten.

Zusammenfassend sei nochmals festgestellt, dass eine Entstörmethode nur dann zu empfehlen ist, wenn alle obigen Kontrollen einwandfrei positiv sind.

Abschließend noch ein guter Tipp zur schnellen Prüfung eines Bettplatzes:

Es gibt Quarzkristalle in Stabform, die man an einem Ende noch etwas klopfen kann, damit sich die Schwingungsintensität des Kristalls verstärkt. Einen solchen Kristall nehmen Sie in die freie Hand und halten ihn waagrecht über den zu prüfenden Platz. Vor die Spitze hält man in ca. 3 cm Abstand das Bio-Radiometer und stellt mental und konzentriert die Frage:

"Gibt der Kristall eine Strahlung ab?"

Um ein Wunschdenken zu verdrängen, denken Sie zu dieser Frage immer wieder:

"Ich weiß es nicht, sag es mir, ich habe keine Ahnung!"

Ist der Platz unter dem Kristall störungsfrei, wird das Kugelkreuz auf und abschwingen. Das bedeutet "Ja". Dann bewegt man sich ein wenig zur Seite und stellt immer wieder dieselbe Frage. Sobald das Bio-Radiometer aufhört auf- und abzuschwingen und in seitliche Schwingungen übergeht, befinden Sie sich wieder über einer Störzone!

Dieser Test beweist gleichzeitig, dass **Kristalle**, gleich welcher Art, **über Störzonen nicht schwingen** können.

Als Beweis hierfür nehmen Sie den abgebildeten Messkreis für Frequenzmessung (Bild 8) und fragen die Schwingungsfrequenz des Kristalls ab. Diese Frequenz liegt wesentlich unter der einer Störzone, nämlich im optischen Frequenzbereich von ca. 10^{12} bis 10^{14}!

WICHTIG: Bei dieser Prüfung müssen Sie auf einem störungsfreien Platz stehen. Genau dieselbe Methode kann auch mit einem Orgonstrahler ausgeführt werden.

Und nun zu einer wichtigen Frage:

"Gibt es eine seriöse Methode,
um geopathogene Störzonen zu eliminieren?"

In dem nachfolgenden Abschnitt finden Sie die Antwort!

Wie ist die Cheops-Pyramide in Ägypten entstört?

Viele Jahre habe ich nach einer solchen Antwort gesucht und glaube, bei meinen mehrmaligen Reisen und Messungen die Lösung in den ägyptischen Tempeln gefunden zu haben:

In vielen der besuchten Tempelanlagen waren im Inneren keine geopathogenen Störzonen festzustellen.

Das erinnerte mich an ein Buch der bekannten Forscherin Blanche Merz aus der Schweiz, die bei ihren Messungen festgestellt hatte, dass außerhalb der Tempelmauern in einem Abstand von jeweils ca. 40 cm mehrere parallele Reizzonen verlaufen. Auf der Suche, warum das so ist, testete ich die Mauersteine nach Strahlung und Polarität innen und außen. Das Ergebnis war die Lösung:

Die Steine waren POLARISIERT!

An der Außenseite war eine PLUS-polige und innen eine MINUS-polige Strahlung festzustellen.

Das war der Grund, warum die plus-poligen Störzonen abgelenkt und parallel zu den Mauern weiterliefen.

Jahre später flog ich noch einmal nach Kairo, um dieselben Messungen an der Cheops-Pyramide vorzunehmen.

Aufgrund der Erkenntnis, dass Pyramidenmodelle nur Strahlung abgeben, wenn sie auf einem **störungsfreien** Platz stehen, müsste das doch auch bei diesem riesigen Bauwerk so sein, aber wie?

Dieses Bauwerk hat immerhin vier Basiskanten mit je rund 230 Meter Länge. Eine solche Grundfläche von 52.900 qm müsste doch genauso entstört sein wie bei unseren kleinen Pyramidenmodellen?

Meine Vermutungen wurden durch die Messungen mit dem Bio-Radiometer und den entsprechenden Messkreisen voll bestätigt:

Alle Steinblöcke der Pyramide sind polarisiert,

das heißt, sie wurden von den Erbauern vor 4.500 oder gar vor über 15.000 Jahren durch Klopfen auf der Außenseite in eine erhöhte und polarisierte Schwingungs-Frequenz gebracht und sie strahlen heute noch!

Alle Blöcke (soweit sie erreichbar waren) hatten eine **pluspolige** Abstrahlung mit der hohen Strahlungs-Intensität von rd. 16.000 Bovis) und einer Strahlungsfrequenz von 10^{45} Hertz! Das hat zur Folge, dass die **plus-poligen** Störzonen - die ja im selben Frequenzbereich strahlen - **abgelenkt** werden (pluspolige Schwingungen stoßen sich gegenseitig ab). Dadurch entsteht längs der vier Basiskanten rund um die Pyramide eine 90 cm breite störungsfreie Zone. Daran anschließend verläuft rund um die Pyramide der abgelenkte Curry-Streifen. Dies wiederholt sich alle 50 cm bis auf eine Entfernung von etwa 25 Metern. Ab hier gehen die Störzonen wieder in diagonaler bzw. Nord-Süd-Richtung weiter.

Damit haben wir die Erklärung und die Antwort:

Es gibt eine natürliche Methode, um Erdstrahlen zu eliminieren

In meinem Buch *"Einhandrute und Pyramidenenergie"* (im Silberschnur Verlag erschienen) habe ich die Nutzanwendung der obigen Erkenntnisse beschrieben. So hat auch Dr. Bruno Fricke durch eingehende Untersuchungen festgestellt, dass viele ältere Bauten von geopathogenen Zonen entstört sind. Der Grund sind gepolte Steine. Die Methode, Steine durch Klopfen zu polarisieren, war demnach schon älteren Kulturen bekannt. Man findet dies bereits bei Hünengräbern oder alten Kirchen. *Dr. Fricke* spricht in seinen Beschreibungen genau wie Frau *Blanche Merz* von einem **Ausgleich** der geopathischen Komponente gegenüber den Reizstreifen. Es ist daher anzunehmen, dass ihnen die identische Strahlenfrequenz beider Komponenten als Erklärung unbekannt war.

Für eine Bettplatz oder Zimmerentstörung können auch anstelle der in meinem oben erwähnten Buch empfohlenen polarisierten Granit-Pflastersteine oder der mit Kieselgranulat gefüllten Kupferrohre (= Kompromisslösung) Granitleisten (Boden-Abschluss-Leisten) mit dem Querschnitt 2 cm dick und ca. 8 cm hoch verwendet werden. Diese sind beim Steinmetz in gewünschten Längen erhältlich.

Eine weitere Nutzung mit polarisierten Steinen Geräte, die nur infolge äußerer Schwingungsanregung funktionieren können, zu entstören, ist mit geklopften (polarisierten) Marmor oder Granitplatten möglich, indem dieselben unter das Pyramidenmodell, die Orgonplatte oder den Orgonstrahler gelegt werden. In diesem Fall muss die geklopfte Seite nach unten liegen: Plus nach unten, Minus-Strahlung nach oben.

Aber mithilfe der Cheops-Pyramide gibt es noch eine ganz neue, elegante Lösung zur Eliminierung von Störzonen:

Diese Methode beruht auf der Tatsache, dass an einer Fotografie oder deren Kopien genau dieselben Eigenschaften und damit auch ihre feinstofflichen Strahlungen festzustellen sind wie am Original.

Auf der nächsten Seite sind vier Kopierstreifen aus einer Fotografie der Cheops-Pyramide abgebildet, nämlich die **unteren Steinblöcke der Cheops-Pyramide.**

Wichtig: Die Kopierseite mit den Steinblöcken ist pluspolig!

Mit dem in Bild 8 abgebildeten Messkreis erhält man von der plus-poligen Kopierseite eine Strahlungsfrequenz von ungefähr **10^{45} Hertz:**

- Das entspricht der Strahlungsfrequenz von geopathogenen Störzonen!
- Die Strahlungsintensität dieser Kopie beträgt ca. 16 000 Bovis-Einheiten!
- Das entspricht haargenau den gemessenen Werten an der Cheops-Pyramide in Ägypten!

Die **weiße Rückseite** der Kopie hat folgende, sehr interessante Strahlungswerte:

- Ihre Strahlungsfrequenz beträgt **nur ca. 10^{12} bis 10^{14}** Hertz.
- **Die Strahlungsintensität beträgt ca. 12.000 Bovis-Einheiten.**

Diese Werte liegen somit im optischen Strahlungsspektrum. Das bedeutet, dass hier eine körperfreundliche Schwingung ausgestrahlt wird.

Alle Messwerte der Kopie stimmen mit meinen Messungen an der Cheops-Pyramide überein. Damit haben wir einen weiteren Beweis, dass jedes Foto und auch seine Kopien genau dieselben Informationen beinhalten wie das Original.

· • ● • ·

Was kann man nun mit dieser Kopie praktisch anfangen?

Nach meinen Erfahrungen bietet die Kopie aufgrund ihrer gleichwertigen Strahlungseigenschaften gegenüber den pathogenen Erdstrahlen eine natürliche Methode, diese Strahlen räumlich abzulenken, eine einfache und preiswerte Lösung!

Sie können die Kopie aus dem Buch auf DIN-A4 kopieren und davon wieder viele Kopien herstellen, ohne dass eine Änderung der Strahlungseigenschaften eintritt.

Pluspolige Seite!

Pluspolige Seite!

Pluspolige Seite!

Pluspolige Seite!

Anwendungsmöglichkeiten: Die Kopie wird in 4 Streifen geschnitten und diese zu einem Band aneinandergeklebt. Bei der Entstörung eines Zimmers wird ein solches Band an der Wand auf oder über die Fußleiste geklebt, und zwar mit der kopierten Seite nach außen, also zur Wand hin. Es genügt u. U., wenn das Band an zwei aneinandergrenzenden Wänden angebracht wird. Sollte das nicht ausreichen, muss eine dritte Wand mit dem Band (Kopie nach außen) angebracht werden. Um sicherzugehen, testet man über dem Bett oder Arbeitsplatz die Strahlungsintensität. Sie darf nicht über 8.000 Bovis-Einheiten liegen. Werden höhere Werte gemessen, muss zur Kompensierung auf einer Seite der Kopierstreifen so umgedreht werden, dass die kopierte Seite nach innen schaut.

Der Wirkungsbereich einer solchen Entstörung beträgt nach oben und unten jeweils nur ca. 1.50 Meter.

Das Anbringen der Bänder mit Metallstiften und das Überschneiden mit elektrischen Leitungen oder Kabeln kann u. U. zu Blockaden bei der Entstörung führen.

Wie bereits erwähnt, gibt es Strahlungsgeräte, die durch die kosmische Einstrahlung oder durch die Erdfrequenzen angeregt werden und somit auf einer Störzone **nicht** funktionieren!

Dazu gehören Pyramidenmodelle, Orgonplatten, Orgonstrahler, Kristalle, Energie Lichtgeräte u. Ä. In solchen Fällen kann die Unterseite der Geräte mit der Fotokopie beklebt werden und zwar so, dass die kopierte Seite nach unten gerichtet ist. Auch das ist eine relativ neue und elegante Möglichkeit, um Geräte zu entstören.

Auch für einen begrenzten entstörten Therapieplatz ist die obige Methode einfach anzuwenden, indem DIN-A4-Kopien auf einen entsprechend großen Karton oder eine Platte geklebt werden. Die Plakate bzw. den Karton legt man dann unter den Therapie-Sitzplatz (oder unter den Teppich). Aber Kopierseite nach unten.

Damit ist auch die Voraussetzung erfüllt, dass der zu therapierende Patient z. B. bei der BIO-Resonanz-Therapie auf einem störungsfreien Platz sitzt!

Aber kommen Sie nicht auf die Idee, eine solche Platte zur Entstörung unter Ihr Bett zu legen. Damit würde nämlich zu viel gute, minus-polige Strahlung entstehen. Sie werden dadurch "putzmunter" und können nicht einschlafen!

Noch ein **wichtiger Hinweis** ist bei den oben beschriebenen Entstörmethoden mit Steinen oder Fotokopien zu beachten:

Alle natürlichen Steinsorten, ob Granit, Marmor oder Sandstein, laden sich aus der Luft mit radioaktiver Strahlung auf, was schädlich sein kann.

Wirksame Gegenmittel sind: Bestreichen der Steine oder Kopien mit Johanniskrautöl, mit Johanniskraut, Salbei oder die in meinem Buch *"Einhandrute und Pyramidenenergie"* auf Seite 140 beschriebene Methode mit der Glasplatte.

Feinstoffliche Strahlungen aus Handschrift, Foto usw.

Einen besonderen Platz innerhalb des feinstofflichen Frequenzspektrums sind die informativen Schwingungsabstrahlungen von:

- Fotos
- Kopien
- Handschriften
- Handabdrücken
- Messkreisen
- Runen
- Heilmittelkarten mit geometrischen Mustern
- Farbschwingungen

Für den Laien klingt es unwahrscheinlich, wenn er hört, dass der geübte, sensitive Mensch mithilfe seines Pendels oder Bio-Radiometers aus einem Foto oder einer Handschrift alle möglichen Eigenschaften herausfinden kann.

Ein sehr instruktives Beispiel dafür wurde bereits schon auf Seite 69 vorgestellt mit der Kopie eines Fotos von der Cheops-Pyramide. Diese Kopie kann viele Tausend Mal kopiert werden. Sie beinhaltet immer wieder dieselben Schwingungen wie das Original. Dasselbe trifft auch zu für das Foto bzw. die Handschrift einer Person. Hieraus kann der Therapeut alle Krankheiten sowohl im akuten Zustand als auch im Vorstadium durch entsprechende Konzentration auf seine Fragestellung herausfinden. Auch kann er abfragen, ob die aufgrund seiner Diagnose notwendige Medizin die richtige ist.

Voraussetzung dabei ist, dass das Foto bzw. die Handschrift aktuell und nicht älter ist. Es zeigt sich nämlich immer nur der Zustand, der **während** der Aufnahme vorherrschte. So ist es auch anhand des Fotos nicht möglich festzustellen, ob die betreffende Person inzwischen verstorben ist. Genau die gleichen Möglichkeiten bietet uns auch die **Handschrift** oder ein **Handabdruck** auf einem Papier.

Für den Arzt oder Heilpraktiker ist das eine ideale Möglichkeit, ohne den Patienten in aller Ruhe seine Vor-Diagnose und Medikamentierung durchzuführen.

Aber nicht nur in der Medizin wird diese Methode angewandt:

Mir erzählte ein Heilpraktiker, dass er eine neue Hilfskraft brauchte. Um sicherzugehen, unter den Bewerbern die Richtige zu finden, stellte er sich eine Wunschliste auf, um die fachlichen und charakterlichen Eigenschaften zu testen. Aufgrund der handgeschriebenen Lebensläufe fand er so die geeignete Person und war mit dem Ergebnis sehr zufrieden.

Die Ursache für dieses Phänomen sind die sehr hohen Strahlungsfrequenzen, die von dem geschriebenen bzw. gedruckten Wort oder Foto abgegeben werden. Aus der Physik ist uns bekannt, dass durch solche hohen Frequenzen mit ihren **extrem kurzen Wellenlängen** ein idealer Informationstransport besteht.

Diese Tatsache wird in der Radiästhesie auch mit gutem Erfolg für das Arbeiten mit **Pendeln oder Messkreisen** genutzt. Die dort aufgedruckten Zahlen oder Wörter strahlen gewissermaßen Informationen ab, mit denen wir bei entsprechender Konzentration mental in Resonanz kommen können.

Man erhält dadurch ein Zifferblatt mit zahlenmäßigen Größenangaben, was gegenüber einer mentalen Abfrage entscheidende Vorteile bringt.

Auch bestimmte geometrische Zeichnungen wie Runen oder Strichanordnungen geben feinstoffliche Strahlungen ab. Solche Strahlen können, je nach Art, gut oder sogar schlecht, das heißt "körperfeindlich" sein. Nehmen Sie z. B. ein im Handel erhältliches Bettlaken, auf dem in bestimmter Anordnung Kreuze aufgedruckt sind. Eine Frequenz und eine Strahlungsintensitätsmessung mit dem Pendel oder BRM ergibt in jedem Falle eine "Null-Situation", was meiner Meinung nach für einen längeren Aufenthalt auf diesem Laken nicht zu vertreten ist! Die Vertreiber dieses Entstörmittels behaupten allerdings, dass meine obigen Messungen falsch seien, was eine *"Testung durch einen unabhängigen Wissenschaftler erneut bestätigt habe"*. Diese beiden Meinungen stehen so gegensätzlich im Raum, weshalb es jedem selbst überlassen bleibt, die Wirkung des Betttuches nachzuprüfen.

Es gibt auch Hersteller, die kleine Anhänger aus Kristallen oder Metall mit eingravierten geometrischen Figuren verkaufen. Natürlich geben auch solche Schmuckstücke bestimmte Schwingungsmuster ab. Aber man sollte vor Benutzung prüfen, ob diese Schwingung für den Träger sowohl kurzzeitig als auch für längere Zeit überhaupt nützlich ist.

In diesem Zusammenhang sei noch auf das "Kreuzzeichen" der römisch-katholischen Christen hingewiesen: Diese machen die Querbewegung ihres Kreuzzeichens von der linken zur rechten Brustseite. Eine anschließende Messung der körperlichen Strahlungsintensität ergibt dann eine Nullsituation, die sich aber nach kurzer Zeit wieder auf Normal einreguliert. Die orthodoxen Christen machen dagegen ihr Kreuzzeichen umgekehrt, also von rechts nach links. Die Folge ist eine leichte Verbesserung ihrer Strahlungssituation.

Aber in der Naturheilkunde gibt es auch **Zeichnungen**, deren Schwingungsabstrahlungen denen von bestimmten Heilmittel-Frequenzen entsprechen. Eine solche ideale Methode hat z. B. in England die Firma "Magneto Geometric Application" entwickelt. Sie liefert Karten mit magnetisch erregten geometrischen Mustern zur Herstellung beliebiger homöopathischer Potenzen. Bei dem Verfahren werden mehrere konzentrische Kreise mit Teilradien aus verschiedenen Längen und Winkelstellungen gezeichnet. Es gibt davon bereits ca. 6.000 solcher Karten, wovon interessanterweise jede das spezifische Schwingungsmuster eines Heilmittels besitzt. Das Schwingungsmuster auf den Karten ist abhängig von folgenden Faktoren:

- Die Art der darauf ausgeübten Vibrationen.
- Die Anzahl der Teilradien.
- Die relativen Längen der Teilradien.
- Die Winkeldistanz zwischen den Teilradien.

Im Bild ist eine solche Karte abgebildet, deren Schwingungsmuster identisch ist mit dem des Heilmittels "Arnica Montana".

Mit solchen magneto-geometrisch aufbereiteten Karten können Heilmittel-Schwingungen beliebiger Potenzen in Wasser oder neutrale Globuli eingestrahlt werden. Man benötigt hierzu nicht unbedingt das von der genannten Firma angebotene Gerät. Dieses lässt sich sehr einfach mit dem in einem späteren Kapitel beschriebenen Universalgerät, dem "**Pyramidenfrequenzgenerator**" durchführen, zumal dort eine weit höhere Trägerfrequenz zur Verfügung steht.

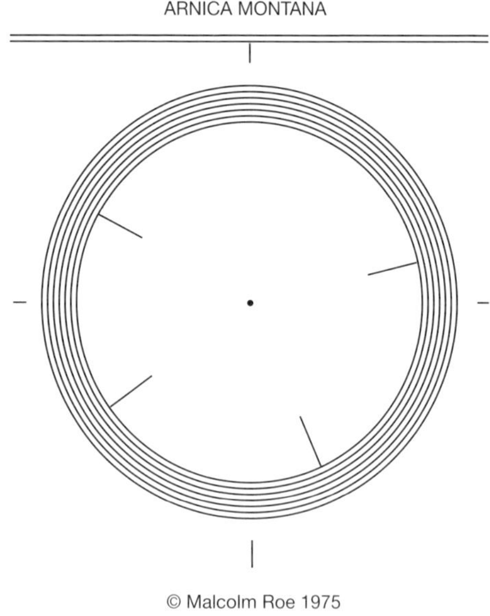

Bild 9

Hinweis

Die Energetisierung von Wasser kann heute schnell und einfach mit eigenständig arbeitenden Detox-Energetisierungsplatten erreicht werden, die mit der bewährten Konverter-Technologie arbeiten. Detox-Platten erhalten Sie bei ReVitaMed, Adresse im Anhang.

- Die so hergestellten Heilmittel sind lediglich Nachrichtenträger!
- Sie enthalten nicht den Stoff selbst, sondern nur das **immaterielle Informationsmuster** der Substanz, die sie darstellen.

Ein solches Verfahren, Heilmittel herzustellen, dauert nur wenige Minuten und könnte so den ganzen Vorrat an Extrakten, die oft in den Praxen zu finden sind, ersetzen. Hinzu kommt, dass die herkömmlichen Schüttelessenzen durch längeres Lagern an Substanz verlieren oder durch gegenseitige bzw. Störstrahlungen unbrauchbar werden können.

Je nachdem, was und in welcher Potenz ein Heilmittel gebraucht wird, kann es in wenigen Minuten exakt hergestellt werden, ohne es erst bestellen zu müssen und auf die Lieferung zu warten. Das bedeutet auch, dass von einer solchen Karte Heilmittel in unbegrenzten Mengen hergestellt werden können, abgesehen von dem guten Preis-Leistungs-Verhältnis.

Auch dieses Beispiel der Anwendung feinstofflicher Strahlungen macht deutlich, wie wichtig die Einsicht zu dieser Dimension für die Medizin sein könnte.

Leider werden die Wirksamkeit und der Nutzen der feinstofflichen Informations-Schwingung nach wie vor von vielen materialismusgläubigen naturwissenschaftlich geschulten Menschen nicht anerkannt.

• • ● • •

"Bachblüten-Schwingungen"

Der bekannte englische Arzt *Dr. E. Bach* erkannte aufgrund seiner eingehenden Untersuchungen, dass es interessante Zusammenhänge zwischen seelischen Empfindungen und krankhaften Auswirkungen gibt. Er fand heraus, dass bestimmte Blüten-Schwingungen psychische Zustände günstig beeinflussen. Diese hohen feinstofflichen Schwingungen stehen jeweils in Resonanz zu ihnen und werden seither mit Erfolg angewandt.

Dr. Bach hat so 38 Blüten herausgefunden, deren Extrakte durch Schwingungs-Duplizierung als vortreffliche Heilmittel bei seelischen Krankheitsursachen helfen können. Doch auch bei dieser Methode ist es nicht nötig, den Extrakt für die Schwingungseinstrahlung in weitere Informationsträger zu benutzen:

Es genügen kleine Kartenabbildungen der "Bachblüten" mit ihrem Namen, um die Schwingungsinformation in einen Informationsträger (Wasser, Globuli) zu übertragen (siehe Bild 10).

Bild 10
Mustard (Wilder Senf)

Um eine heilgünstige Bachblüte für ein bestimmtes Krankheitssymptom zu bestimmen, wird nach meinen Beobachtungen häufig der **Fehler** gemacht und leider auch in Büchern empfohlen, dass der Patient sich die Bilder der Bachblüten anschaut und jene benennt, die ihm besonders gefällt.

➤ Das kann zwar manchmal zutreffen, aber eine exakte und sichere Methode ist das nicht!

Ein guter Therapeut führt eine ausführliche Anamnese und ein Gespräch durch, um eine Vorauswahl der infrage kommenden Blütenessenzen zu erstellen. Danach testet er mit dem Pendel oder der Einhandrute die vermutlich notwendigen Bachblüten beim Patienten auf Schwingungsübereinstimmung (Resonanz) ab. Nur so kann er sicher sein, dass er das richtige Mittel gefunden hat. Bei einer solchen Testung ist es gleichgültig, ob er als Resonanzschwingung einen Blütenextrakt oder eine Bildkarte der Bachblüten benutzt.

In beiden Fällen werden die feinstofflichen "Symptomstrahlungen" des Patienten mit der Informationsstrahlung des Extraktes bzw. der Bildkarte auf Resonanz verglichen.

Bei Übereinstimmung bedeutet das eine komplementäre Beziehung zwischen Körper, Geist und Seele.

• • ● • •

Farbschwingungen

Das Verfahren, die Farbschwingungen als **feinstoffliche** Heilmethode zu nutzen, hat in den letzten Jahren immer mehr Bedeutung und Anerkennung gefunden. Farben beeinflussen sowohl die energetischen Bedürfnisse als auch die Zellschwingungen im menschlichen Organismus. Sie sind ein universeller Bestandteil des Lichtes und Licht ist eine unserer wichtigsten Lebensenergien. Es besteht aber nicht aus einer einzigen Schwingungsfrequenz, sondern lässt sich in die 7 Spektralfarben zerlegen, die wir bereits beim Regenbogen zu sehen bekommen.

Nun hat man festgestellt, dass die verschiedenen Farbschwingungen bei bestimmten Krankheiten den Heilungsprozess sehr intensiv unterstützen. Hierüber gibt es bereits eine Vielzahl von Sachbüchern, die sich mit dem Thema "Farbtherapie" auseinandersetzen.

Leider findet man auch dort Hinweise über eine **intuitive bzw. visuelle, subjektive Auswahl** der notwendigen Therapiefarbe. Eine solche Farbenbestimmung kann auch das Gegenteil erreichen, indem sie bereits dominiert und so **Überreaktionen** auslöst. Es ist daher nahe liegend, dass auch die Farbe unserer Kleidung unser Wohlbefinden stark beeinflussen kann.

Ein typisches (ausgefallenes) Beispiel habe ich in einem Buch über die Farbwirkung auf die verschiedenen Chakras gelesen, was hier sinngemäß wiedergegeben werden soll:

"Eine Ordensfrau kam in die Praxis und klagte über Probleme im Rückenbereich. Bei der Untersuchung wunderte sich der Therapeut über ihre auffallend knallrote Unterwäsche, denn ihre Sexualität frei auszuleben war schließlich für diese Ordensfrau kaum möglich. Durch die konzentrierte rote Farbe war so eine starke Energieüberladung im Bereich der unteren Wirbelsäule entstanden."

Dieses Beispiel aus dem täglichen Leben zeigt deutlich, wie wichtig es ist, die Farbschwingungen **gezielt** einzusetzen und sich **nicht auf intuitive "Eingaben"** zu verlassen!

Aber es gibt zu dem Thema "Farbschwingungen" noch eine wichtige **Voraussetzung**, die für den Erfolg einer Farbbestrahlung unerlässlich ist:

Die Menschen auf der Erde kennen bisher nur eine Lichtenergie aus dem Kosmos, nämlich die Sonne, die auf sie einstrahlt und ihren Organismus entwickelt hat. Diese Lichtschwingungen mit ihren UV- und IR-Bereichen entsprechen somit unseren Zellschwingungen und haben außerdem eine **lebenswichtige magnetische** Eigenschaft.

Doch in den meisten "Farbbüchern" und auch bei den angebotenen Geräten werden nur Methoden zur Erzeugung von Farbschwingungen empfohlen, die auf elektrischer oder elektronischer Basis erzeugt wurden. Ihre künstlich aufgebauten Trägerfrequenzen sind erfahrungsgemäß körperfeindlich und somit schädlich. Es können dabei vorübergehende Besserungen auftreten, aber nach mehreren Anwendungen entstehen durch die elektrische Eigenschaft der Trägerfrequenz Irritationen der Zellstrahlungen und schließlich eine Depolarisierung der Zellen. Das Blut verliert dadurch seine wichtige magnetische Eigenschaft und wird elektrisch. Die nächste Krankheit ist vorprogrammiert.

Ganz anders ist die Situation bei der Verwendung natürlicher kosmischer Strahlung als Sende- bzw. Trägerfrequenz, wie wir sie von dem Pyramidenmodell erhalten. Diese Strahlen durchdringen die aufgelegte Farbe, wobei sie deren Farb- bzw. Frequenzmuster übernehmen und weitertransportieren.

Eingehende Angaben über die Art und Weise, wie die richtige Farbe ermittelt und wie die kosmische Trägerfrequenz eingesetzt werden kann, finden Sie sehr gut beschrieben in dem Buch: "*Farben und Gesundheit*" von Petra Godson (s. Anhang E).

Was ist Orgonstrahlung?

Vieles wird über diese meist unbekannte Strahlungsenergie gerätselt und geschrieben. Ganze Bücher und Reklameseiten sowie Seminarangebote über "Orgonenergie" und Orgongeräte verkünden uns wahre Wunderdinge. So gibt es ein Buch mit dem marktschreierischenTitel: *"Orgonenergie, die geballte Lebenskraft"*. Beim Lesen wartet man gespannt auf eines der Kapitel "Was ist Orgonenergie", aber außer der Lobpreisung eines Orgonstrahlers ist keine zutreffende Aussage zu finden. In diesem Fall gibt das angesprochene Gerät nämlich gar keine Orgonschwingung ab, sondern strahlt im optischen Frequenzspektrum, (was übrigens gar nicht schlecht ist!). Da solche Geräte über Schwingkreise und Kristalle von außen zum Schwingen angeregt werden, können auch sie nur funktionieren, wenn sie (und der Anwender) auf einem störungsfreien Platz benutzt werden.

Das ist nur eines der vielen Beispiele für die Unkenntnis über die Eigenschaften und die physikalischen Hintergründe der feinstofflichen Orgonstrahlung von Dr. W. Reich. Um eine fachgerechte Anwendung zu sichern, sollte folgende Kardinalfrage geklärt werden:

“Was ist Orgonenergie?”

Wie bei jeder Schwingung muss man, um sie identifizieren zu können, auch von der Orgonstrahlung die spezifischen Parameter kennen, nämlich:

- Schwingungsfrequenz,
- Polarität,
- Schwingungsanregung,
- Anwendungsmöglichkeiten,
- Geräteaufbau.

Dr. Wilhelm Reich arbeitete in den USA und hatte u. a. herausgefunden, dass bei aufeinanderfolgenden elektrisch **leitenden** und **nicht leitenden** Materialien eine Schwingungsanregung erfolgt. Diese Anregung wird hervorgerufen durch die überall existierende Vibration der Erde. Vermutlich spielen auch die Resonanzen der Schuhmannwellen eine Rolle. Dadurch entsteht eine feinstoffliche Abstrahlungsfrequenz **von nur 7,5 bis 10 Hertz.**

Dr. W. Reich hat nach der obigen Methode einen größeren “Kasten” mit mehreren Lagen von jeweils zwei verschiedenen Materialien (Eisenblech und Kork bzw. Baumwolle) entwickelt. So entstand sein bekannter und oft nachgebauter Orgonakkumulator.

Mit dem Bio-Radiometer und einem Frequenz-Messdiagramm misst man in diesem Gehäuse eine minus-polige Frequenzschwingung von 7,5 Hertz.

- Aber damit eine Schwingung in dem Akkumulator überhaupt entstehen kann, muss eine ganz wichtige **Voraussetzung** gegeben sein:
- Der Orgonakkumulator muss auf einem **störungsfreien** bzw. **entstörten** Platz stehen!

Um es noch einmal zu wiederholen: Diese Voraussetzung für eine Schwingungsanregung gilt für **alle** Geräte, deren feinstofflichen Abstrahlungen durch natürliche Strahlungseinwirkung verursacht werden. Leider scheint diese unumgängliche Forderung für die Funktion radiästhetischer Geräte allgemein unbekannt zu sein. Entsprechende Angaben habe ich bis jetzt in keiner Anwendungsbeschreibung gefunden. Das trifft auch für den allseits bekannten "Orgonstrahler" von der Fa. A. Herbert zu. Außerdem ist es kein "Orgon"-Strahler, denn, wie bereits oben angedeutet, liegt seine Schwingungsfrequenz im UV- und IR-Bereich. Das entspricht etwa einer Frequenz von 10^{13} Hz! (= eine 1 mit 13 Nullen).

Meines Wissens ist dem Unternehmen diese falsche Namensnennung bekannt, aber da das Gerät nun mal so eingeführt ist, lässt es sich nicht mehr umbenennen. Aber der Hersteller sollte auf diese Tatsache hinweisen, denn die von dem Gerät abgestrahlte Schwingung hat mit "Orgon" nichts gemeinsam. Der Vollständigkeit halber sei erwähnt, dass die Strahlung des Gerätes sehr wirksam sein kann, vorausgesetzt, es steht auf einem entstörten Platz!

Der Orgonverstärker

Vor Jahren habe ich einen "Orgonverstärker" entwickelt, der genau nach dem System des Dr. W. Reich, dem sogenannten Sandwich-System, aufgebaut ist (s. Bild 11).

Hier sind jeweils zehn Scheiben Eisen und Kork abwechselnd eingebracht, wodurch eine 10-fache Verstärkung bewirkt wird. Man könnte natürlich durch weitere und größere Scheiben die Strahlungswirkung noch verstärken, was aber **nicht** sinnvoll wäre. Die Wirkung würde dann zu stark und hätte Überfunktionen zur Folge. Ein Bekannter hatte ein derartiges, stärkeres Gerät gebaut und bei der Anwendung feststellen müssen, dass dem Patienten bei der Bestrahlung übel bis zur Bewusstlosigkeit wurde. - Wie Samuel Hahnemann bereits feststellte:

Alles ist Gift, nur die Dosis macht's.

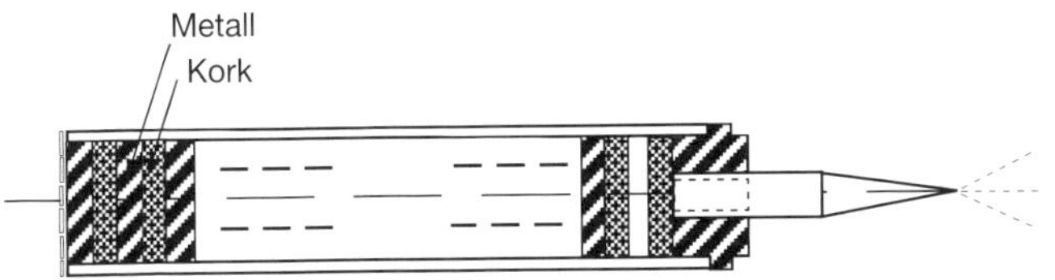

Bild 11

Dazu noch ein anderes Beispiel:

Ähnlich der obigen Abbildung wird ein Gerät mit der Bezeichnung "ABARIS PFEIL" angeboten. Auch er strahlt an der Spitze eine Frequenz von etwa 10 Hertz ab, ist also ein echter Orgonstrahler. So weit, so gut! Aber in der Gebrauchs-"Anpreisung" finden wir u. a. folgende Aussagen:

Mit dem ABARIS PFEIL können Sie in Sekundenschnelle alle Speisen und Getränke entgiften und energetisieren, Elektrosmog und Schadstoffbelastungen in Räumen neutralisieren oder auch Wasseradern entstören (!) usw.

Entweder hat der Verfasser dieser Anwendungsbeschreibung keine Ahnung von den einfachsten physikalischen Grundsätzen oder er hat es nie mit seriösen Mitteln getestet und glaubt selbst an seine "Anpreisungen". Es ist nämlich nicht möglich, mit der Orgonstrahlung Räume von Schadstoffen zu "neutralisieren" oder gar Wasseradern zu entstören. Leider gibt es in der BRD keine Institution, die diese Aussage kontrolliert.

Damit möchte ich Ihnen zeigen, wie wichtig es ist, alle angebotenen Geräte kritisch zu prüfen, sonst verschwenden Sie Ihr Geld für derartigen Schwachsinn.

Und nun zur **Einsatzmöglichkeit** der feinstofflichen Orgonenergie:

- Wie allgemein bekannt, schwingt der physische Körper des Menschen mit einer Vibration, die der Erde entspricht, nämlich mit 7,5 Hertz.

Daraus ergibt sich, dass Orgonstrahlung nur für Störungen im **physischen Körper** wirksam sein kann. Das sind:

- Entzündungen
- Verstauchungen
- Knochenbrüche
- Verletzungen
- Narbenblockaden
- Knieschmerzen
- Zahnschmerzen u. Ä.

Wenn eine der obigen Behandlungen über einer störungsfreien Zone durchgeführt wird, ist man überrascht zu sehen, wie nach etwa fünf bis zehn Minuten eine merkliche Besserung eintritt.

Zusammenfassung

- Das wesentliche und wichtigste Merkmal der feinstofflichen Orgonenergie ist die niedrige Schwingungs-Frequenz von nur 7,5 bis 10 Hertz!
- Ein Orgongerät gleich welcher Ausführung kann nur über einer störungsfreien Zone Strahlung abgeben.
- Orgonstrahlung wirkt nur bei Störungen im physischen Körper.

Pyramidenenergie

In diesem Abschnitt soll nicht von den hoch interessanten geometrisch-mathematischen Relationen der ägyptischen Cheops-Pyramide die Rede sein, oder gar von dem ungelösten Problem, wann und wie dieses einmalige Bauwerk errichtet wurde. Zu diesen Themen gibt es eine Unzahl interessanter Literatur aus dem In- und Ausland, deren Studium unbedingt zu empfehlen ist. Hier geht es ausschließlich um:

- Die Eigenschaften der Pyramidenenergie,
- ihre Nutzung im Haushalt,
- die Heilkraft der Pyramidenschwingung,
- die Pyramide als ideales Therapiegerät.

Das Vorbild für unsere Pyramidenmodelle ist die Cheops-Pyramide in Ägypten. Bei ihrer Geometrie sind die vier Seitenflächen keine gleichseitigen, sondern gleichschenklige Dreiecke. Durch diese Tatsache als auch durch den Neigungswinkel werden die aus dem Kosmos auftreffenden Strahlungen im Inneren fokussiert, das heißt, gesammelt und durch die entstandene Verstärkung an der Spitze wieder abgestrahlt.

- Voraussetzung dafür ist allerdings, dass das Modell genau wie sein großes Vorbild mit seinen Grundkanten in Richtung NORD-SÜD ausgerichtet ist.
- Die im Inneren der Pyramide herrschenden Schwingungsfrequenzen beginnen an der Basis mit Null und steigern sich bis zur Spitze zu einer Frequenz von 10^{23} Hertz.

Die Messwerte bestätigen auch die Forschungsergebnisse des *Prof. F. A. Popp*. Er hat festgestellt, dass die elektromagnetischen Strahlungen aus dem Weltraum zwar alle Frequenzen umfassen, aber ein großer Teil durch die Atmosphäre **stark absorbiert** wird und somit die Erde nur noch in abgeschwächter Form erreicht. Ausgenommen von dieser "Absorbierung" sind aber zwei Frequenzbereiche. Man bezeichnet sie auch als:

- "**Atmosphärische Fenster**" - Die eine Zone liegt im Bereich des sichtbaren Lichts, also etwa bei 10^{12} bis 10^{14}, es ist das "**optische Fenster**". Die zweite Zone liegt im Bereich der Radiofrequenzen - auch **Radiofenster** genannt.
- Die Schwingungsfrequenzen des optischen Fensters reichen von der Infrarot- bis zur Ultraviolett-Strahlung.
- Dieser Bereich ist nach wissenschaftlichen Erkenntnissen das wichtigste Frequenzspektrum für unsere Zellschwingungen und damit auch für die gegenseitige Bio-Photonen-Kommunikation unter den Körperzellen (s. Anhang A).

Das Rätsel der Königskammer in der Cheops-Pyramide

Bei etwa 48 Meter über dem Basis-Niveau befindet sich in der Cheops-Pyramide die Königskammer – also im untersten Drittel der Pyramidenhöhe. In diesem Raum habe ich eine Schwingungsfrequenz von etwa 10^{14} Hertz gemessen. Dieser Wert kann leicht an der nachstehenden Fotokopie mit einem Bio-Radiometer und einem Messkreis für Frequenzschwingungen kontrolliert werden.

Dass ausgerechnet dieser Frequenzbereich konzentriert in der Königskammer vorherrscht, dürfte die **Lösung des Rätsels** sein,

- **warum** Menschen, die sich längere Zeit in diesem Raum aufhalten, eine Bewusstseinsänderung in Form von Träumen bzw. Halluzinationen erleben.

Die Aussagen verschiedener Besucher, so Napoleon im Jahre 1798 oder der Schriftsteller und Philosoph Paul Brunton, bestätigten eine solche geistige Veränderung. Letzterer verbrachte eine ganze Nacht in der Königskammer und schilderte anschließend seine wirren Träume und Halluzinationen. Es

Bild 12: Foto des Autors bei Messungen in der Königskammer der Cheops-Pyramide

lohnt sich also nicht, eine größere Pyramide zu bauen und darin zu meditieren oder einfach darin zu sitzen, wie es gelegentlich gewünscht wird. Ist der Stellplatz der Pyramide kein guter Platz, dann passiert sowieso nichts. Ist der Platz aber gut bzw. entstört, so kann der Aufenthalt erfahrungsgemäß zu Überreaktionen oder Überfunktionen führen. Der Grund hierfür ist die hohe Strahlungsintensität und gegebenenfalls der längere Aufenthalt. Eine solche Erfahrung schilderte eine junge Frau während eines Pyramidenkongresses, die sich täglich längere Zeit unter eine große Pyramide setzte. Sie wurde krank. Während eines Urlaubs verschwand die Krankheit und zu Hause, mit dem Gebrauch der Pyramide, stellte sich wieder dieselbe Krankheit ein. Erst als sie die Pyramide nicht mehr benutzte, ging es ihr wieder gut.

Nach dem heutigen Erkenntnisstand dürfte klar sein, dass es sich hier um Überfunktionen der Hirnzellen handelt, vermutlich wegen des überstarken UV-Bereiches. Ebenso beruht darauf die Methode der Rasierklingenschärfung im untersten Drittel eines Pyramidenmodells, wofür dem tschechischen Elektroingenieur *Carl Drbal* ein Patent genehmigt wurde.

Wie wir in anschließenden Beschreibungen über die Nutzung der Pyramidenenergie sehen werden, stehen uns damit ungeahnte Möglichkeiten für ein gesundes Leben zur Verfügung!

Doch vorher noch einige Spekulationen darüber, WER unser Modellvorbild, die Große Pyramide in Ägypten, gebaut hat und WARUM:

- Der bekannte amerikanische Seher Edgar Cayce kam im Gegensatz zu vielen Ägyptologen während einer seiner "Sitzungen" zu der Ansicht, dass die Pyramide vor 12 bis 15.000 Jahren gebaut wurde.
- Danach sollen Menschen nach Ägypten gekommen sein, die einer Hochzivilisation angehörten und dieses zeitlose Bauwerk der Naturenergie gebaut haben.

Mit großer Wahrscheinlichkeit haben sie die Kunst der Levitation beherrscht, da ohne dieses Wissen der Bau eines solch grandiosen Monumentes kaum möglich ist.

Man könnte fast glauben, sie hätten eine seherische Begabung gehabt und gewusst, dass die Menschheit einmal im Begriff sein würde, sich durch Gift und alle möglichen Fremdstrahlungen selbst umzubringen.

- So scheint es nach Tausenden von Jahren soweit zu sein, dass die Pyramide zumindest eines ihrer größten Geheimnisse preisgibt, indem wir ihre einmalige Heilkraft erkannt haben.
- Wenn wir dieses Wissen nutzen würden, könnten wir in einer besseren Zeit leben, denn wir haben hier eine einmalige Chance, unsere Kräfte mithilfe der Pyramide zu erhalten, um eine Welt zu schaffen, die uns zu gesunden und lebensfrohen Menschen macht.

Eigenschaften der Pyramidenstrahlung

Es wurde bereits erklärt, dass die Strahlung, die an der Spitze der Pyramide abgestrahlt wird, aus einem universellen Frequenzspektrum besteht, also von Null bis 10^{23} Hertz reicht.

- Der dominierende Frequenzbereich IR und UV entspricht unseren Organschwingungen.
- Alle Frequenzen des gesamten Pyramidenstrahlungsspektrums sind **MINUS**-polig und haben eine **MAGNETISCHE** Eigenschaft!

Das von mir entwickelte Pyramidenmodell hat im Inneren einen "Energie-Sammelstab", der aus der Pyramidenspitze herausragt und in einer Steckbuchse mündet. So ergibt sich eine weitere interessante Eigenschaft der Pyramidenschwingung, nämlich:

- Diese so verstärkte Strahlung lässt sich mit einem Elektrokabel beliebig weiterleiten. Erst dadurch wird unser Pyramidenmodell zu einem **professionellen Hilfsmittel** im Haushalt und in der Naturheilkunde.

Entgiften der Lebensmittel mit der Pyramide

Versuche haben bewiesen, dass Lebensmittel mit Giftschwingungen infolge künstlicher Düngung oder Insektizidbehandlung durch Bestrahlung mit der Pyramidenschwingung **entgiftet** werden.

Die Erklärung hierfür liegt darin, dass in der Pyramidenschwingung alle Frequenzen enthalten sind und somit auch die der Gifte, aber mit dem Unterschied, dass sie entgegengesetzte Polaritäten haben und sich dadurch aufheben. Man kann auch sagen: Sie werden "genullt".

Fachlich ausgedrückt:
Es findet eine "destruktive Interferenz" statt.

Dieser Erkenntnisstand bietet uns einmalige Möglichkeiten, um die unzähligen Gifte in allen Lebensmitteln vor dem Gebrauch unschädlich zu machen.

In manchen Büchern und zum Teil auch auf den Esoterik-Messen wird empfohlen, die Lebensmittel unter die Pyramide zu legen. Das wirkt aber nur dann vollkommen, wenn diese auf der Höhe des untersten Drittels der Pyramide abgelegt werden. Außerdem ist diese Methode platzmäßig nicht ideal.

Professioneller ist es dagegen, die oben erwähnte Pyramidenausführung (mit Gebrauchmusterschutz) zu verwenden. Dort kann an den oberen Ausgang der Pyramidenspitze ein Kabel angeschlossen und mit einer Metallplatte (Edelstahl) oder einer Orgonplatte verbunden werden.

Solche im Handel erhältlichen Platten haben eine Größe von 20 x 45 cm. Das gibt genug Platz, um den ganzen Lebensmitteleinkauf aufzulegen. Dabei können die Lebensmittel aufeinandergestapelt werden, die Pyramidenstrahlung wird dadurch nicht abgebremst. Eine solche Entgiftung und Energetisierung braucht nur ca. 10 Minuten.

Eine Orgonplatte allein würde nicht genügen, weil deren Frequenz zu niedrig ist und dadurch die höheren Giftschwingungen nicht gelöscht werden könnten.

WICHTIG dabei ist sowohl für die Pyramide als auch für die Platte, dass beide auf einem entstörten Platz stehen!

In dem vorausgehenden Abschnitt über "Möglichkeiten zur Entstörung von geopathogenen Störzonen" wurden dazu einige Verfahren beschrieben. Zu empfehlen sind durch Klopfen polarisierte Granit- oder Marmorplatten als Unterlage für beide Geräte.

Aber außer dieser einmaligen Entgiftungsmöglichkeit bietet die Bestrahlung mit der Pyramidenschwingung noch eine andere, für unsere heutigen Lebensmittel unbedingt notwendige Verbesserung, nämlich:

➤ die Energetisierung der Lebensmittel!

Der Nachweis kann kontrolliert werden, indem z. B. eine holländische Tomate oder ein Blumenkohl vorher und nachher auf "Strahlungsintensität" gemessen wird. Das meiste Gemüse ist nämlich TOTES Gemüse.

Ein typisches Beispiel bietet das nachstehende Reklamebild für "Gesundes Gemüse", wie es auf jedem Markt zu kaufen gibt. Jeder ehrliche Hobbygärtner kann bestätigen, dass eine solche makellose Gemüseernte nur unter Einsatz von Kunstdünger und Giftspritzung gegen Insekten erzielt werden kann.

Da jedes Forto die Strahlung des Objektes unverfläscht wiedergibt, kann auch dieses Bild mit einem Pendel und dem entsprechenden "Messkreis für gesunde und giftige Strahlung" kontrolliert werden. Das Ergebnis liegt bei stark giftig (Stufe 9).

Dabei ist doch die Energiezufuhr durch die Lebensmittel für unsere IMMUNABWEHR genauso wichtig wie deren Entgiftung.

In vielen medizinischen Berichten wird die immer mehr zunehmende Allergieanfälligkeit infolge der schwindenden Immunabwehr beklagt. Dipl. Chem. Mario Kraus, Berlin, stellt zu diesem Thema folgerichtig fest:

"Eine Allergie ist eine Überempfindlichkeit des Organismus gegenüber einer chemischen oder biochemischen Substanz

Bild 13

oder Substanzklasse aufgrund verstärkter Reaktionsbereitschaft des körpereigenen Abwehrsystems, also des Immunsystems nach vorausgegangener Sensibilisierung."

Etwa 40 Millionen der 80 Millionen Deutschen leiden an Allergien, davon allein zwölf Millionen an Heuschnupfen und Medikamentenallergien.

Weil das angesprochene Thema so wichtig ist, noch ein kleiner Tipp für die Reise: Hat man im Urlaub eine kleine Küche zur Verfügung, dann genügt eine der Spezialpyramiden mit dem mitgelieferten Anschlusskabel, das am Ende eine Metall-Kontaktplatte hat. Letztere legt man mit der Metallseite auf das Metall der Spüle. Dort kann man dann seine Lebensmittel für ca. 10 Minuten zur Entgiftung und Energetisierung ablegen.

Sofern die Pyramide und die Spüle mit den Kopierstreifen der Pyramidensteine (s. Seite 69) rundum entstört wurden, funktioniert das einwandfrei, und man hat auch im Urlaub gesunde Lebensmittel.

Hinweis

Pyramide und Orgonplatte sind heute nicht mehr im Handel erhältlich. Doch Otto Höpfner hat seine Geräte stetig weiterentwickelt, und daher wird heute der moderne Strahlen-Konverter eingesetzt. Strahlen-Konverter, auch Energie-Verstärker genannt, erhalten Sie bei ReVitaMed, Adresse am Ende des Buches.

Gesundes Wasser zum NULL-Tarif

Obwohl von den meisten Wasserwerken behauptet wird, ihr Wasser sei gut und könne auch unbedenklich benutzt werden, habe ich in keiner Gegend Deutschlands ein Leitungswasser gefunden, das bei einem Verträglichkeitstest mit dem Pendel oder der Einhandrute ein gutes Ergebnis gezeigt hätte.

Auf die Test-Frage: *"Darf ich das Wasser trinken?"*, erhält man immer ein exaktes "**NEIN**".

Den Beweis zeigt auch die Kontrolle mit einem entsprechenden Messkreis über gesunde oder giftige Strahlung. Das Ergebnis liegt hier meist bei den Stufen 7 bis 8. Das bedeutet **LEICHT GIFTIG bis STARK GIFTIG!**

Das Ganze ist ein typischer Fall für die Existenz und Wirkung der FEINSTOFFLICHEN STRAHLUNG - auch im Giftbereich!

Die Chemiker können nämlich mit ihren Wasseranalysen lediglich die Gift-Anteile im Wasser bestimmen und diese materiellen Teilchen durch Separatoren oder Filter so gut wie ganz entfernen. Aber sie haben nicht mit dem "Gedächtnis" des Wassers gerechnet!

Wie bekannt ist, ist Wasser ein idealer Informationsträger. Und da unser Grund- oder Quellwasser noch nicht an der "Alzheimer"-Krankheit leidet, sind die ultrafeinen Giftschwingungen nach wie vor aktiv. Es ist dasselbe wie bei einer homöopathischen Medizin, bei der die Heilschwingung enthalten ist, aber keine materiellen Bestandteile mehr nachgewiesen werden können.

Man kann diesen Zustand auch mit zwei Menschen vergleichen, von denen der eine den anderen bösartig, aber unberechtigt beschimpft. Nachdem er sich entschuldigt hat, ist zwar das Wort gewissermaßen gelöscht, aber die Erinnerung, also das Gedächtnis bleibt bei dem angefeindeten Menschen erhalten.

Durch die Unkenntnis und das Nicht-Wahrhaben-Wollen der Wirkung einer feinstofflichen Schwingung liefern uns die Chemiker oder auch die Wasserwerke ein ihrer Meinung nach "gutes und gesundes" Wasser!

Die logische Folgerung daraus wäre die, dass sich die Menschheit und insbesondere die Wissenschaften endlich überzeugen lassen, dass es außer der messbaren Welt noch eine andere, sehr maßgebliche Dimension in unserem Leben gibt.

Nun zurück zum Leitungswasser:

Das sind zwar alarmierende Ergebnisse, aber unser einmaliges Wundergerät aus uralten Zeiten, nämlich die Pyramide, kann auch hier wieder auf einfachste Weise Abhilfe schaffen:

Eine Pyramide mit Stecker-Anschluss an der Spitze wird über ein Kabel mit dessen abisolierten Ende um die Wasserleitung gewickelt. Sofern ein guter Kontakt zwischen Leitungsrohr und Kabel besteht, wird im Haus der **ganze Wasserkreislauf entgiftet und energetisiert.**

Mit dieser Methode erhält man eine Strahlungsintensität des Leitungswassers bis zu 16.000 Bovis-Einheiten. Auch die ursprüngliche Frequenzstrahlung von nahezu NULL Hertz beträgt dann etwa 10^{13} Hertz!

Da, wie bereits gesagt, das Wasser ein sehr guter Informationsträger ist, besteht diese Qualität an allen Zapfstellen des Hauses, auch wenn es ein 5-stöckiges Haus ist. – Wirklich ein tolles Ergebnis!

Auch diese Pyramide wird zweckmäßigerweise auf eine polarisierte Granitplatte gestellt, sodass sie für alle Zeiten entstört ist und einwandfrei funktioniert.

Aber damit sind die Vorteile der Wasserverbesserung noch nicht alle beschrieben. Es besteht noch ein interessanter Nebeneffekt: Da die Pyramidenstrahlung eine nachweisbare magnetische Eigenschaft besitzt, wird diese auch auf das Wasser übertragen.

Dadurch geht der Kalkgehalt des Wassers in einen amorphen Zustand über und kann sich nicht mehr als Kesselstein an den Rohrleitungswänden festsetzen. Der amorphe Kalkgehalt fließt beim Wasserzapfen mit ab.

Die so erreichte magnetische Eigenschaft des Wassers lässt sich leicht nachweisen, indem man mit einem kleinen Magnet, dem Pendel oder der Einhandrute das Wasser vorher und nachher auf Resonanz testet.

Zusammenfassend ergeben sich durch die Anwendung einer Pyramide für das Wasser und damit für unsere Gesundheit drei wichtige Eigenschaften:

- Wasser ohne Giftstrahlung,
- energetisiertes Wasser,
- magnetisiertes Wasser.

Es dürfte jedem einleuchten, welchen Wert diese **Qualitätsverbesserung** für die Gesundheit bedeutet, zumal dazu weder Energiekosten noch Wartung notwendig sind.

Hinweis

Die Energetisierung des Leitungswassers erfolgt heutzutage statt durch Wasser-Revitalisatoren mithilfe moderner Konverter-Technologie. Mit diesen Geräten werden die in der molekularen Struktur des Wassers gespeicherten Schadstoffinformationen durch die verstärkte kosmische Einstrahlung gelöscht. Gleichzeitig erhält das Wasser seine gesunden natürlichen Eigenschaften zurück.

Aber auch auf diesem Gebiet werden auf dem Markt z. T. teure Geräte angeboten, die das Wasser angeblich magnetisieren und verbessern.

Ich erinnere in dem Zusammenhang an eine Fernsehsendung, in der ein Mann, der sich als Wissenschaftler bezeichnete (!), sinngemäß Folgendes zur Verbesserung des Leitungswassers vortrug: "Man besorge sich eine kleine Kohlesäureflasche und presse die Kohlensäure in das Wasser. So erhalten Sie ein brauchbares Mineralwasser!"

Über einen solchen Unfug kann man nur den Kopf schütteln. Bei einer Familie fand ich dieses "Mineralwasser" und konnte es testen. Ergebnis: NULL! in Bezug auf eine Verbesserung der Wasserqualität.

In Anbetracht der obigen Ausführungen stellen sich sicher die Leser genau wie ich die logischen Fragen:

- Warum befassen sich die Gesundheitsbehörden nicht mit diesem Thema?
- Warum darf das Fernsehen solchen Unsinn senden?
- Warum wird das bewährte Verfahren mit der Pyramide nicht publiziert?

Die Pyramide als universelles Therapiegerät

Bei den Gedanken über die heutige Gesundheitssituation, die durch die unzähligen Gifte und die schulmedizinischen Behandlungen entsteht, muss uns eigentlich die universelle Pyramidenenergie wie ein rettender Engel vorkommen!

Viele Jahrtausende hat es gedauert, bis wir gemerkt haben, welchen Sinn und Zweck der einmalige Pyramidenbau in Ägypten für uns bedeuten kann:

Sowohl die prophylaktische als auch die therapeutische Nutzung der natürlichen feinstofflichen Pyramidenschwingung bietet uns im medizinischen Bereich ebenso wie auf dem Gebiet der Nahrungsmittel ideale Möglichkeiten, unsere Gesundheit zu erhalten bzw. zu verbessern.

Aufgrund vieler Experimente, Messungen und logischer Überlegungen war es mir im Laufe der Jahre möglich, gesicherte Erkenntnisse über die physikalischen Hintergründe der universellen Pyramidenschwingungen zu erhalten und diese zu verstehen.

Aus diesen Erkenntnissen heraus entwickelte ich ein **Universalgerät**, mit dem alle Einsatzmöglichkeiten dieser kosmischen Schwingungsenergie professionell genutzt werden können. Dazu eine kurze Übersicht über die Anwendungsgebiete:

- Krankheitsspezifische Auswahl der Frequenzschwingung;
- Duplizierung von Heilmitteln;
- Löschung von Allergien;
- Eigenschwingungstherapie (Bio-Resonanz);
- Farbtherapie;
- Farb-Akupunktur;
- Fernstrahlung (Radionik siehe Anhang F).

Mit der nachfolgenden Beschreibung und Schema-Skizze soll die vielfache Nutzanwendung des universellen Pyramidenmodells verdeutlicht werden (s. Bild 14).

• • ● • •

Krankheitsspezifische Einstellung der Schwingungsfrequenz

Da in der Pyramide ein universelles Frequenzspektrum von 0 Hertz bis 10^{23} herrscht, ist in dem Gerät ("Der Pyramidenfrequenzgenerator") eine mechanische Einrichtung angebracht, durch die über einen Kontakt jede gewünschte Schwingungsfrequenz mit einem Drehknopf eingestellt werden kann.

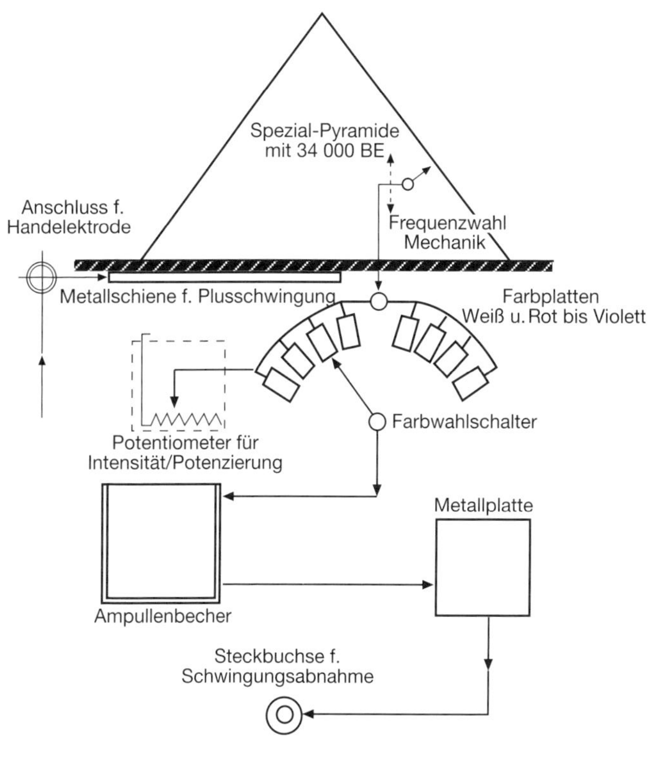

Bild 14

Der Sinn dieser Wahlmöglichkeit ist Folgender:

Jede Krankheit hat ihre eigene spezifische Schwingung. Da aber krankhafte Schwingungen immer plus-polig sind, ist es möglich, diese durch eine kohärente gegenpolige Schwingung zu LÖSCHEN!

Es erfolgt also eine destruktive Interferenz, oder etwas einfacher ausgedrückt:

Die Schwingung wird genullt.

Eine solche gegenpolige Schwingung liefert uns die Pyramide.

In der Praxis läuft das so ab: Man fragt beim Patienten mithilfe des Bio-Radiometers oder Pendels und dem Messkreis für *"Frequenzstufen"* die "pathogene Frequenzstufe" ab. Diese wird dann mit dem Drehknopf eingestellt, auf Resonanz überprüft und gegebenenfalls entsprechend korrigiert.

Die so eingestellte Schwingungsfrequenz steht jetzt sowohl an dem eingebauten Ampullenbecher als auch an der Metallplatte und der Steckbuchse zur Verfügung.

- Stellt man nun ein Fläschchen leicht alkoholisiertes Wasser (ca. 10 %) oder neutraler Globuli in den Becher oder auf die Metallplatte, steht nach spätestens 3 Minuten ein wirkungsvolles Heilmittel mit der gegenpoligen Krankheitsschwingung zur Verfügung.
- Eine weitere Nutzung dieser Frequenzeinstellung ist die Anwendung bei der Eigenschwingungstherapie.

• • ● • •

Duplizierung von Heilmitteln

Genauso, wie die oben geschilderte krankheitsspezifische Schwingung in Wasser oder Globuli eingestrahlt werden kann, ist es auch möglich, eine Heilschwingung jeder beliebigen Medizin bzw. von Heilkräutern zu duplizieren:

Die Frequenzstufe wird dabei auf STUFE 100 eingestellt.

Gleichzeitig kann auch eine gewünschte Potenz für die Schwingungsübertragung gewählt werden. Hierzu sind an dem Drehknopf für "Intensität bzw. Potenzierung" verschiedene Stufen angegeben.

Bei Stellung "VOLL" erhält man bei der Duplizierung etwa D4 bis D5. Die aufgedruckten Werte sind ungefähre Angaben. Benötigt man aber öfter eine bestimmte höhere Potenzierung, dann macht man sicherheitshalber vorher mit der vorläufigen Einstellung einige Proben mit irgendeinem Mittel (z. B. Zitrone) und markiert dann diese Werte auf dem Frontbild. Die jeweilige Messung des Potenzierungswertes geschieht mit dem Messkreis *"POTENZIERUNG".*

Zu diesem Thema sei noch eine elegante Methode erwähnt, die in England entwickelt und dort auch sehr viel angewandt wird.

Es handelt sich um die auf Seite 76 beschriebenen "RAE"-Karten mit ihren magnetisch-geometrischen Kreismustern. Sie haben genau die exakten Schwingungen der entsprechenden Medizinsubstanzen.

Man legt die Karte in den Ampullenbecher und spätestens nach 3 Minuten haben Sie die gewünschte homöopathische Schwingung in dem auf der Platte abgestellten Wasser oder den Globuli.

Es gibt inzwischen 6.000 solcher Karten aller möglichen Heilmittel. Sie sind in verschiedene Listen aufgeteilt und können bei folgender Adresse bezogen werden:

MAGNETO GEOMETRIC APPLICATIONS
45, DOWANHILL ROAD
LONDON,
SE6 1SX.
ENGLAND

www.magnetogeometrics.co.uk

Genau dieselbe Wirkung erzielt man auch mit Bilderkarten von Bachblüten (s. Bild 10).

Es ist sicher einleuchtend, dass eine solche Methode der Duplizierung sicherer und einfacher ist als mit Extrakten zu arbeiten. Letztere können gegebenenfalls bei längerer Lagerung an Qualität verlieren.

23 Löschung von Allergien

Nachdem sich infolge der vielen chemischen Umweltreize Allergieerkrankungen langsam aber sicher zu einer Volkskrankheit entwickeln, bietet uns auch hier wieder die Pyramide eine ideale Lösung an. Das Interessante dabei ist wiederum die Benutzung der natürlichen feinstofflichen kosmischen Strahlungsenergie.

Sehr bekannt und vielfach angewendet ist ein sehr teures elektronisch aufgebautes Bio-Resonanzgerät. Das Grundprinzip zur Allergielöschung ist bei diesen Geräten dasselbe wie bei der Pyramide. In der **Schwingungsqualität** besteht allerdings ein gravierender medizinischer **Unterschied:**

Die Trägerfrequenz der elektronischen Geräte hat **elektrischen Charakter**! Bei einer wiederholten Anwendung **verliert** das Blut seine wichtige **magnetische** Eigenschaft, es nimmt die körperfremde elektrische Eigenschaft an. Die nächste gesundheitliche Schädigung ist damit vorprogrammiert.

Um diesen Nachteil zu umgehen, hat *Frau Dr. med. Theresia Altrock* in Zusammenarbeit mit dem Autor dieses Buches eine Methode zur wirksamen Allergielöschung mit der Spezial-Pyramide entwickelt.

Die Möglichkeit, mit der Pyramidenschwingung Allergien zu eliminieren, beruht auch hier auf dem physikalischen Grundgesetz, indem durch eine **Umpolung** der patienteneigenen Schwingung die Löschung erreicht wird. Es erfolgt also eine destruktive Interferenz.

• • ● • •

Die praktische Durchführung

Aufgrund einer Testung mit der Einhandrute oder dem Pendel, welche Stoffe bei dem Patienten Allergien oder Überempfindlichkeitsreaktionen hervorrufen, werden die entsprechenden Allergene aus einem speziellen Allergen-Ampullensatz ausgewählt und in den Becher des Gerätes gelegt. Frau Dr. Altrock führt solche Testungen mit der RAC-Pulsreflex-Methode *nach Nogier* durch.

Diese Ampullensätze gibt es im Handel zu kaufen. Sie sind bestückt mit Glasröhrchen, die alle vorkommenden Allergene in natura enthalten. Es gibt diese Sätze auch als sogenannte Raff-Ampullen, bei denen zum Beispiel alle Gräser oder alle Fleischsorten in einem Röhrchen zusammengefasst sind.

Über den Anschluss für die Handelektrode werden dem Patienten von der Pyramide dessen Körperschwingungen abgesaugt. Sie werden dann mit der Pyramidenenergie, die als

Trägerfrequenz fungiert, über den Ampullenbecher geleitet, in dem die zur Löschung notwendigen Allergene liegen. Das können auch mehrere sein, wie zum Beispiel fünf oder sechs Stück.

Deren Schwingungen werden auf die Pyramidenträgerfrequenz aufmoduliert und stehen als invertierte, das heißt gegenpolige Schwingungen zur Weiterleitung an der Steckbuchse des Gerätes zur Verfügung. Dort werden sie mit einem Kabel an die zonendominanten Akupunkturpunkte am rechten und linken Ohr jeweils für eine Minute eingestrahlt.

Infolge dieses "Schwingungskreislaufes" durch den Körper des Patienten werden die dort herrschenden Allergieschwingungen NEUTRALISIERT!

Wichtig ist jedoch, dass vor Beginn einer solchen "Löschtherapie" nach Störfaktoren gesucht wird, da diese eine Reaktionsstarre bewirken und den Erfolg behindern können.

Normalerweise bleibt diese Allergielöschung bestehen. Lediglich in krassen Fällen muss die Behandlung wiederholt werden.

Eigenschwingungstherapie (Bio-Resonanz)

Bei dieser Pyramidenschwingungsanwendung geht man von der gesicherten Erkenntnis aus, dass es sich hier um kohärente Frequenzen handelt, die mit unseren Zellschwingungen exakt identisch sind.

Damit steht eine einmalige Therapiemöglichkeit zur Verfügung, die wir im vorigen Abschnitt bereits erwähnt haben und die den elektronisch aufgebauten Geräten weit überlegen ist!

Besonders bedeutend sind außer der körpergerechten magnetischen Eigenschaft die zahlreichen Wirkungen auf die Organe unseres Körpers.

Misst man vor und nach einer solchen Therapiebehandlung den Zustand der verschiedenen Körperfunktionen, so sind erstaunliche Normalisierungen festzustellen. Interessant sind hierbei für den Therapeuten die körperlichen Zustände des Patienten vor und nach der Behandlung, die messbar sind:

- Die pathologische Schwingungsstufe
- Die Strahlungsintensität des Energiekörpers

- Die Stufe der toxischen Belastung
- Die radioaktive Belastung
- Die Chakrafunktionen
- Die gesamtkörperliche Plus-Minus-Balance
- Die Zellschwingungen der linken und rechten Herzkammer

Bei der Durchführung einer Eigenschwingungstherapie mit der Pyramide wird der Patient mit zwei Handelektroden so an das Gerät angeschlossen, dass über die Pyramide ein Art Schaltkreis durch den Körper geschaffen wird. Die ganze Behandlung benötigt **nur drei bis fünf Minuten**. Danach haben alle oben angeführten Messungen normale Werte angenommen.

Die Erklärung für diese "wundersame" Normalisierung ist höchst einfach und logisch:

- Soweit es sich dabei um krankhafte **pluspolige Schwingungen** im Körper handelt, werden diese durch die kohärenten gegenpoligen Frequenzen der feinstofflichen Pyramidenschwingungen **neutralisiert**, also **aufgehoben**. Hierunterfallen Giftschwingungen oder auch radioaktive Belastungen.
- Soweit es sich um Zellschwingungen handelt, die zu niedrig sind, werden diese durch die Pyramidenschwingung angeregt und nehmen normale Intensität an. Besonders ausgeprägt ist diese Wirkung bei den Zellschwingungen der beiden Herzkammern. Man misst das mit dem Bio-Radiometer entweder an den Akupunkturpunkten des linken und rechten kleinen Fingers oder am Körper direkt.

Diese Normalisierungseffekte klingen je nach Konstitution nach etwa drei bis vier Stunden wieder ab. Erst nach wiederholten regelmäßigen Anwendungen und eventuell bei gleichzeitiger medikamentöser Behandlung kann eine bleibende Verbesserung erreicht werden.

Einen besonderen Effekt durch eine derartige Behandlung bringt eine tägliche Anwendung, da im Laufe der Monate die Immunabwehr des Körpers immer mehr verbessert wird.

Es ist also sinnvoll, die Eigenschwingungstherapie rein prophylaktisch jeden Tag anzuwenden, schon allein, um die ständig auf uns einwirkenden schädlichen Umwelteinflüsse zu eliminieren. Zu diesen "Einflüssen" zählen insbesondere:

Giftschwingungen, die auch - und das wird meistens totgeschwiegen - in Lebensmitteln aus biologischem Anbau durch Luft und Regen enthalten sind.

Dasselbe trifft für die ständigen **radioaktiven Strahlungen zu**, die sowohl in den Wohnräumen als auch bei den Nahrungsmitteln in Werten wirksam sind, die über der Norm liegen, und die stark verminderte **Anregung der Zellschwingungen**, die infolge der Abbremsung unserer lebenswichtigen kosmischen Einstrahlung durch die weitverbreiteten **Stahlbeton Bauweisen** bei Wohnungen und Arbeitsstätten entsteht.

Jeder, der sich mit dem Thema und dem Einfluss der feinstofflichen Strahlungen befasst, sollte einmal in einem Kaufhaus, Hochhaus oder Bürogebäude mit den entsprechenden Messkreisen und einer Einhandrute bzw. einem Pendel die Strahlungsintensität und die Radioaktivität messen. Die Ergebnisse sind katastrophal! In den meisten Fällen trifft das auch für Wohnhäuser zu.

Ich selbst kann aus meiner Erfahrung bestätigen, dass nach etwa 4-jährigen, fast täglichen Anwendungen der Eigenschwingungstherapie meine sämtliche "Zipperlein" verschwunden, Erkältungen selten geworden sind und Grippeerkrankungen ausbleiben. So fühle ich mich mit 82 Jahren gesünder als mit 65. Doch zu diesem Thema mehr am Schluss dieses Buches.

Farbtherapie mit Pyramidenenergie

Wie wirksam Behandlungen mit Farbstrahlung sein können, hat sich in den letzten Jahren immer mehr herausgestellt. Ein Beweis dafür sind die vielen, sehr informativen Fachbücher auf dem Büchermarkt. Wer mit Farbtherapie arbeiten möchte, sollte sich unbedingt mit entsprechedner Fachliteratur beschäftigen, denn wenn mit der **falschen** Farbe behandelt wird, kann das negative Auswirkungen haben. Das trifft auch auf "Überladungen" zu.

Im Rahmen dieses Buches soll der Schwerpunkt mehr auf die praktische Durchführung und insbesondere auf die hier so wirkungsvolle "feinstoffliche Strahlung" gelegt werden.

Leider werden, mit einer Ausnahme, von allen Buchautoren Farbtherapiegeräte beschrieben, die alle als **Trägerfrequenz** für die Farbschwingung "grobstoffliche" elektrisch bzw. elektronisch erzeugte Strahlungen benutzen.

Da sind zum Beispiel Lampen mit auswechselbaren Farbfiltern oder einfach verschiedenfarbige Glühbirnen. Der bekannte Farbtherapeut, der Heilpraktiker *Peter Mandel,* empfiehlt in seinem, übrigens sehr guten Buch *"Farbpunktur"* ein handliches Batteriegerät, das wahlweise mit verschiedenen Farbprismen bestückt werden kann. Auch hier ist die Trägerfrequenz für die Farben elektrischer Natur.

Die Pyramidenstrahlung hat, wie bereits in den vorausgehenden Abschnitten bewiesen, eine für den Menschen kohärente magnetische Eigenschaft.

Aber warum sollen wir diese künstlichen, elektrischen und körperfremden Strahlungen für Therapien benutzen, wenn uns die Natur eine ideale Möglichkeit bietet, mithilfe der Pyramidenschwingungen **dasselbe** und sogar **noch besser** und **billiger** erreichen zu können!

Bei dem zuvor beschriebenen universell einsetzbarem "Pyramidenfrequenzgenerator" werden die Vorteile dieser Pyramiden-spezifischen Strahlen zum Einschwingen der gewünschten Farben ideal genutzt. Das Gerät hat einen "Farben-Wahlschalter", durch den bei jeder Therapie Farbpunktur, Bio-Resonanz-Therapie, Duplizierung oder Fernheilung jeweils die geeignete Farbe gleichzeitig mit eingeschwungen werden kann.

➤ Mit der Beschreibung des Pyramidenfrequenzgenerators sollte demonstriert werden, welche vielseitigen Möglichkeiten eine professionelle Anwendung der natürlichen Pyramidenenergie für die Naturheilkunde anbietet. Es ist daher nicht verständlich, wieso so viele Naturheilkundler den Unterschied zwischen der physikalisch-elektrischen und der natürlich-feinstofflichen Dimension noch nicht erkannt haben.

Hinweis

Für die Farbtherapie steht heute statt des Pyramiden-Farbtableaus ein Farbmodul für den Strahlen-Konverter zur Verfügung.

Eine weitere, interessante Einsatzmöglichkeit der Pyramidenenergie soll der nächste Abschnitt zeigen.

Erzeugung der Hirnwellenfrequenzen mit der Pyramide

Der bekannte Heilpraktiker *Peter Mandel* hat sich eingehend mit den Forschungsergebnissen des in Jena lebenden Psychiaters *Hans Berger* beschäftigt und daraufhin seine

"Induktionstherapie mit den Frequenzmustern des menschlichen Gehirns"

entwickelt.

Er geht davon aus, dass durch die Induktionstherapie verschobene Gehirnwellenmuster wieder normalisiert werden können. Diese Induktion soll mithilfe spezieller Frequenzen lediglich ein Anstoß sein, der die Regulation vorhandener Funktionskreise bewirkt.

Die vier Punkte zur Einstrahlung der speziellen Einzelfrequenzen liegen einen Fingerbreit horizontal über den Augenbrauen.

Sie haben folgende Bezeichnungen, Frequenzen und Einflusszonen:

Punkt 1 = a (alpha): 7,5 bis 14 Hz = beeinflusst den Funktionskreis Niere/Blase

Punkt 2 = b (beta): 14 bis 30 Hz = beeinflusst den Funktionskreis Leber/Galle

Punkt 3 = q (theta): 4 bis 7 Hz = beeinflusst den Funktionskreis Lunge/Dickdarm

Punkt 4 = d (delta): 0,5 bis 3 Hz = beeinflusst den Funktionskreis Milz-Pankr./Magen

Diese Hirnwellenfrequenzen lässt *Peter Mandel* durch ein **elektronisches** Frequenzgerät entstehen, dessen Schwingungen

- eine elektrische Eigenschaft haben und
- deren Herstellung aufwendig und damit teuer ist.

Zur weiteren Vertiefung in dieses Thema empfehle ich die informativen Bücher von *Peter Mandel*.

Da wir jedoch **echte Naturheilkunde** betreiben wollen, bietet sich auch für das Problem wiederum die Pyramide mit ihrer **feinstofflichen, magnetischen** Qualität an.

Die Verwirklichung dieser Methode geschieht auf folgende Weise:

Wir nutzen die Tatsache aus, dass in dem Pyramidenmodell die Schwingungsfrequenzen am Boden mit NULL beginnen und nach oben ansteigen. Bei den entsprechenden Frequenzstufen sind im Inneren der Pyramide feste Kontakte angebracht, die auf einen Stufen-Drehschalter geleitet werden. Mit dem Drehknopf können die fünf fest eingestellten Frequenzstufen angewählt und an der Steckbuchse mit einem Kabel an den Punkten an der Stirn eingestrahlt werden.

Die Methode hat sich ebenfalls in der Praxis sehr bewährt. Bereits nach einminütiger Einstrahlung sind in den zugehörigen Funktionkreisen spürbare Besserungen festzustellen.

Auch das obige Anwendungsbeispiel zeigt wiederum deutlich, wie vielseitig die Pyramidenstrahlung in der Naturmedizin eingesetzt werden kann.

Zusammenfassung

In den obigen Ausführungen wurde oft bewusst auf tiefer greifende Erklärungen verzichtet. Der Sinn und Zweck des Buches ist, lediglich Hinweise und Anregungen zu geben für:

- Die physikalischen Hintergründe der feinstoflichen Dimension
- Ihre praktische Nutzung in der Naturheilkunde
- Eine kritische Beurteilung der angebotenen Geräte.

Die zum Verkauf angebotenen Geräte auf dem Gebiet der Naturheilkunde haben inzwischen einen Umfang angenommen, der uns zwingt, die Anpreisungen bzw. ihre Wirkungen kritischer unter die Lupe zu nehmen.

Das geht aber nur, wenn auch ein gewisser Sachverstand vorhanden ist. Deshalb habe ich versucht, zu jedem Thema den nur unbedingt notwendigen theoretischen Hintergrund zu erläutern, damit auch der Laie einen besseren Durchblick erhält. Weitergehende Einzelheiten können im Anhang nachgelesen werden.

Die Leser/innen, die sich bereits mehr oder weniger mit esoterischen Dingen beschäftigt haben, werden sicher in diesem Buch das eine oder andere Thema vermissen. Gewiss, es wäre noch vieles zu sagen über die unzähligen Buch- oder Seminarangebote, bei denen man oft den Eindruck gewinnt, es wären nur Mittel und Wege, um "Geld zu machen". Hierzu sollen nur einige Therapien angeführt werden, die viel einfacher mithilfe der Pyramidenschwingungen und außerdem schneller und sicherer durchgeführt werden könnten:

- Chakra-Therapie
- Heilen mit Kristallen
- Mobilisierung der Selbstheilungskräfte
- Duft- oder Klangtherapien usw.

Sie werden sich vielleicht die Frage stellen, WARUM kein Wort in dem Buch über diese bekannten und viel angebotenen Methoden zu finden ist, da sie doch auch unter den Begriff der Naturheilkunde bzw. das Thema "feinstoffliche Strahlungen" fallen?

Die Antwort ist einfach und logisch:

- Die Allgemeinheit braucht einfache und universell wirkende Methoden, die möglichst jeder Mensch, gleich welchen Alters, nutzen und durchführen kann. Von älteren Menschen kann man nicht immer verlangen, dass sie tagelang Seminare besuchen oder Bücher wälzen.

Das soll **nicht heißen**, dass die oben genannten Methoden abzulehnen sind. Aber warum sich mit aufwendigen Therapien beschäftigen, wenn uns die vor vielen Tausenden von Jahren geschaffene und universelle Pyramidenenergie alles bietet, was wir für unsere Gesundheit brauchen? Es handelt sich doch hier um eine vielseitige, natürliche Energiequelle, die jedem unbegrenzt zur Verfügung steht. Wir brauchen sie nur zu nutzen!

Alle Beschwerden oder Blockaden, die mit den oben als Beispiele aufgezählten, relativ aufwendigen Verfahren beseitigt werden können, lassen sich mit einer einfachen Spezialpyramide während einer Behandlung in drei bis fünf Minuten gleichzeitig normalisieren. Dabei werden Chakrablockaden genauso beseitigt wie irgendwelche Defizite bei den Zellschwingungen.

Im Grunde haben wir alle einen Wunsch, nämlich:
Gesund alt zu werden!

Um dieses Ziel zu erreichen, ist nicht nur eine ständige Vorsorge notwendig, sondern es müssen die schädlichen Faktoren, die unsere Gesundheit negativ beeinflussen, verhindert bzw. beseitigt werden. Die entsprechenden Gegenmittel wurden in diesem Buch alle beschrieben und sollen nun zur Erinnerung noch einmal zusammengefasst werden:

- Entstörung des Bettplatzes und gegebenenfalls des Arbeitsplatzes,
- Entgiften und Energetisierung des Leitungswassers,
- Entgiften und Energetisierung der Lebensmittel,

- Prophylaxe durch tägliche drei bis fünf Minuten Eigenschwingungstherapie zur Stärkung der Immunabwehr.

Werden bei der Durchführung dieser vier Maßnahmen auch alle Voraussetzungen (zum Beispiel störungsfreier Stell- und Sitzplatz) eingehalten, dann haben Sie die wesentlichen gesundheitlichen Störeinflüsse ausgeschaltet.

Gewiss, das ist keine "METHUSALEMFORMEL" oder eine Garantie, dass man uralt werden kann, aber die Erfahrungen haben bestätigt, dass wir uns dadurch bis ins hohe Alter eine besondere Lebensqualität erhalten können.

Ich selbst habe diese Erfahrung am eigenen Leib erfahren dürfen und bin glücklich, dass mir das Arbeiten mit dem Bio-Radiometer die Möglichkeit gab, das einmalige Wunder der Pyramidenenergie zu studieren und ihre feinstoffliche Dimension zum Nutzen der Gesundheit in die Praxis umsetzen zu können.

Es wäre sehr zu wünschen, wenn auch an den Universitäten und den Heilpraktikerschulen das Wissen und die Bedeutung der feinstofflichen Strahlungsdimension in das Lehrpensum aufgenommen würden!

Nach meinen Erfahrungen genügt es nicht, wenn der eine oder andere Arzt einen Kurzlehrgang über Akupunktur und Homöopathie absolviert, um anschließend ein Schild "Naturheilpraxis" an seine Praxis hängen zu dürfen.

Ähnliches trifft auch für solche Heilpraktiker zu, die nach wie vor ihre Patienten mit elektronischen Geräten therapieren, ohne zu ahnen, welchen Schaden sie damit anrichten. Solche Geräte dürften in keiner "Naturheilpraxis" zu finden sein, denn sie haben mit der "menschlichen Natur" wirklich nichts gemeinsam.

Erfreulicherweise ist aber auch festzustellen, dass immer mehr Menschen größeres Vertrauen zur Naturheilkunde haben als zur Schulmedizin.

Und so können wir nur mit Arthur Schopenhauer hoffen,

"... dass die Dinge, die heute noch
angezweifelt werden, eines Tages
als selbstverständlich gelten!"

Anhang

• • A • •

Die atmosphärischen Fenster

Prof. F. A. Popp hat mit seinen Forschungen über die Biophotonentheorie einwandfrei festgestellt und nachgewiesen, dass das besondere Gebiet der Zellstrahlung im Bereich des ultravioletten, sichtbaren und infraroten Lichts stattfindet.

Die daraus zu ziehende Schlussfolgerung ergibt, dass der Bereich der Biophotonenstrahlung nicht nur für die Existenz der Zellstrahlung Bedeutung hat, sondern dass sie auch der Schlüssel für die Existenz aller Lebenserscheinungen ist.

Der Grund hierfür ist die Tatsache, dass nahezu ausschließlich der oben genannte Frequenzbereich ungehindert aus dem Kosmos auf unsere Erde einstrahlen kann, während die übrigen Frequenzbereiche beim Durchgang durch die Atmosphäre stark abgebremst werden und nur in sehr schwacher Dosis die Erde erreichen. Aus diesem Grund bezeichnet man die Bereiche des *ultravioletten, sichtbaren*

Lichts einschließlich der hochfrequenten Strahlen, der Kurz- und Ultrakurzwellen als

Atmosphärische bzw. optische Fenster.

Diese Bereiche beeinflussen das Leben und das Wachstum auf unserer Erde sehr stark. Das bedeutet:

Sie sind für uns lebenswichtig.

• • B • •

Schuhmann-Resonanzen

Unter dem obigen Begriff sind elektromagnetische Wellen im 10-Hertz-Bereich zu verstehen. Man nennt diesen Zustand auch

A t m o s p h e r i c s.

Diese niedrige Frequenzhöhe hat einen sehr günstigen Einfluss auf unsere Zellfunktionen, denn in einem solchen elektromagnetischen, minus-poligen Bereich fühlt sich der Mensch besonders wohl.

Die Entstehung dieser 10-Hertz-Frequenz erfolgt in dem Kugelhohlraum zwischen Erde und Ionospäre. Der Hohlraum rund um die Erdoberfläche wirkt wie ein **Resonator**. Seine Resonanz wird angeregt durch die ständigen Blitzentladungen rund um den Erdball. Sie bringen diesen Hohlraum wie einen Resonator zum Schwingen, und zwar mit der Resonanz von 10 Hertz. Allerdings sind diese gesunden 10-Hertz-Schwingungen nicht überall und nicht immer vorzufinden. Ihr Zustandekommen ist aus verständlichen Gründen ganz wesentlich von der Wetterlage abhängig.

Die Erkenntnis und das Wissen über den Einfluss dieser 10-Hertz-Schwingungen auf das Wohlbefinden des Menschen hat die Bio-Techniker angeregt, solche Frequenzen künstlich, also auf **elektronischem** Weg zu erzeugen.

Doch bekanntlich lässt sich eine solche langwellige Schwingung nicht in den Raum abstrahlen. Um das trotzdem zu erreichen, wurde mit einem kleinen Sender eine 10.000-Hertz-Frequenz elektronisch erzeugt und darauf 10 Hertz aufmoduliert. Im Grunde dasselbe Prinzip wie beim Rundfunk, bei dem der Ton aufmoduliert wird.

Die Methode, die "Schuhmann-Resonanzen" **künstlich** zu manipulieren und für den Menschen einzusetzen, halte ich gesundheitlich für bedenklich.

Diese Schwingungen haben nämlich eine **elektrische Eigenschaft**. Wenn unsere Zellen für längere Zeit damit bestrahlt werden, nehmen sie automatisch diese Eigenschaft an und **verlieren ihren** natürlichen **magnetischen** Charakter.
Damit sind gesundheitliche Schäden vorprogrammiert.

Solche kleinen Sendegeräte werden auf dem Markt für Wohnungen oder als Taschengeräte angeboten.

Man bedenke, dass es auch einfache, natürliche Möglichkeiten gibt, um minus-polige 10-Hertz-Schwingungen zu erhalten.

Ganz ideal hierzu ist das ägyptische Ankh-Kreuz, das es auch als Anhänger zu kaufen gibt.

• • C • •

Die Polarität

Der Begriff Polarität bedeutet “Gegensätzlichkeit”.

In der Radiästhesie versteht man darunter zwei qualitativ verschiedene und entgegengesetzte Zustände. Diese Gegensätzlichkeit wird als PLUS (+)- und MINUS (-)-polig bezeichnet.

Die im üblichen Sprachgebrauch und auch in der Medizin verwendeten Ausdrücke “positiv und negativ” beschreiben eine Wertigkeit, wie zum Beispiel GUT oder SCHLECHT.

Nach chinesischer Schreibweise wird Minus und Plus mit YIN (= minus-polige Energie) und YANG (= plus-polig) bezeichnet.

Alles was lebt und strahlt, ist polarisiert. So finden wir auch beim menschlichen Skelett oder den Organen diese Polaritäten.

Ein typisches Beispiel hierfür sind im menschlichen Körper die “Doppelorgane”. Sie sind nämlich gegensätzlich gepolt. Wenn dem Patient zum Beispiel für beide Augen oder beide

Nieren die gleichen Heilmittel verschrieben würden, so wäre das in diesen Fällen nicht sinnvoll.

Sobald ein Organ erkrankt, wechselt seine Polarität. Das bedeutet, es nimmt die Polarität der Krankheit an und die ist immer gegensätzlich.

Darauf beruht die Wirkung von Heilmitteln, denn zur Behebung der Krankheit müssen sie die umgekehrte Polarität, aber die gleiche Frequenz haben.

• • D • •

Radioaktive Strahlung

Es gibt heute kaum noch einen Ort oder eine Gegend, deren Luft nicht durch **überhöhte** radioaktive Strahlungen **verseucht** ist. Leider kann man sie nicht riechen oder sonst irgendwie wahrnehmen, und das ist auch der Grund, warum sich kaum jemand Gedanken darüber macht.

Aber andererseits sind radioaktive Strahlungen als feinstoffliche Dimension für unsere Gesundheit unbedingt notwendig, sofern sie eine bestimmte Größenordnung nicht überschreiten. Auch hier gilt der aus der Homöopathie so bewährte Grundsatz:

Alles ist Gift, erst die Dosis macht's!

Normalerweise waren in den kosmischen Einstrahlungen während der langen Entwicklungszeit der Menschheit schon immer solche radioaktiven Strahlungen enthalten. Aber diese sind so feinstofflich, dass sie mit einem Geigerzähler nicht nachgewiesen werden können. Ihre normale, gesunde Intensität liegt nur etwa bei zehn Röntgeneinheiten!

Leider ist aber in der heutigen Zeit diese normale radioaktive Strahlung von zehn Röntgeneinheiten nicht nur in den Wohn- und Bürohäusern, sondern auch in der freien Natur **weit überschritten**.

Daran sind nicht nur die zahlreichen Kernkraftwerke beteiligt, sondern auch viele technische Geräte, Produkte und Materialien tragen ihren Teil zu dieser unheimlichen Strahlung bei.

Es ist schon lange eine gesicherte Erkenntnis, dass gerade diese, noch im feinstofflichen Bereich liegenden Überschreitungen schwere gesundheitliche Schädigungen wie Leukämie, Allergien oder Schwächung der Immunabwehr usw. verursachen können.

Als logische Folgerung aus dieser Erkenntnis stellt sich als Erstes die Frage nach den Ursachen:

Dazu gehören einige, die wir durch entsprechendes Verhalten weitgehend vermeiden könnten. Wo das nicht möglich ist, gibt es natürliche Mittel, um solche schädlichen Strahlungen sowohl in den Lebensmitteln als auch im Organismus zu eliminieren.

Was kann man gegen überhöhte radioaktive Strahlung tun?

Vor einigen Jahren las ich eine Dokumentation über die Strahlenschäden durch den Atombomben-Abwurf über Hiroshima. Es wurde von einer Klinik am Rande dieser Stadt berichtet, in der alle Ärzte an der extremen radioaktiven Strahlung erkrankten, bis auf zwei Ärzte, die aus Gewohnheit täglich ihren Johanniskraut-Tee tranken.

Zur Zeit des Tschernobyl Reaktorunfalles hat sich dieses Mittel bestens bewährt. Auch Salbei-Tee hat dieselbe Wirkung.

Als ich diese Erfahrungen während eines Seminares in der Schweiz erzählte, meldete sich ganz aufgeregt eine Frau und sagte: *"Jetzt weiß ich auch, warum ich und mein Mann damals nicht erkrankt sind."*

Diese Frau war nämlich mit ihrem Ehemann während der Atombombenversuche auf dem Bikini-Atoll auf einer Nachbarinsel stationiert, wo sie wissenschaftliche Versuche durchführten. Infolge der dort aufgetretenen radioaktiven Verstrahlung waren alle Mitarbeiter entsprechend erkrankt außer den beiden, und das aus folgendem Grund:

Die Frau war durch ihre Großmutter an Johanniskraut-Tee gewöhnt worden. Ihr Ehemann musste diese Gewohnheit (natürlich!) übernehmen, und so hatten sie die Wirkung der schädlichen Strahlung ohne Schaden überstehen können.

Leider kennen und nutzen nur wenige Menschen diese oben aufgezeigten natürlichen Mittel, die in jedem Kräutergarten zu finden sind.

Wer mit dem Pendel oder noch besser mit einem Bio-Radiometer (Einhandrute mit Kugelkreuz) arbeitet, der kann die Wirkung der radioaktiven ultrafeinen Strahlung mit dem bekannten Pendelkreis für "Radioaktive Strahlung" vor und nach dem Gebrauch von Johanniskraut- oder Salbei-Tee kontrollieren.

Besonders angebracht sind diese Gegenmittel **nach einer Röntgenbehandlung!**

Der Verstrahlungsgrad liegt danach etwa bei dem **Zwanzigfachen** des Normalwertes von zehn Röntgeneinheiten!

Es ist eigentlich nicht zu verstehen, warum sich die vielen Röntgenärzte nicht mit diesen Nachwirkungen beschäftigen. Sie könnten nach einer Röntgenbestrahlung den Patienten mit Johanniskrautöl einreiben lassen oder ihn zum entsprechenden Teetrinken veranlassen.

Ein anderes Kapitel, auf das man achten sollte, ist der derzeitige radioaktive Strahlungsanteil in der Luft. Er beträgt je nach der örtlichen Lage durchschnittlich das Acht- bis Zwölffache der normalen Strahlung. Besonders hoch liegt er in der Nähe von Kernkraftwerken und auch bei Dresden.

Wie bereits oben schon erwähnt, sind solche Steigerungen mit dem Geigerzähler noch nicht nachweisbar. Aber gerade das ist das **Gefährliche** an dem Zustand: Übermäßig harte Strahlungseinflüsse wirken sich sehr schnell auf die Gesundheit aus, das heißt, man kann sie gegebenenfalls sogar spüren, aber die ultrafeinen Strahlungssteigerungen wirken schleichend und stetig. Der Mensch merkt es erst, wenn es zu spät ist, und auch dann kann er die Ursache der neuen Krankheit nicht erkennen.

Das bedeutet, dass das biologische System auf kleinste Reize viel langsamer anspricht, während es bei massiven Reizungen durch eine merkbare Übersteuerung reagiert. Deshalb ist es in der heutigen Zeit sinnvoll und zweckmäßig das obige Beispiel nachzuahmen und ausreichend Johanniskraut- oder Salbei-Tee zu trinken.

Nun gibt es aber in den Wohnungen, Büros, Hotels oder Krankenhäusern eine Vielzahl an Geräten und Materialien, die radioaktive Abstrahlungen regelrecht erzeugen bzw. anziehen. Dazu gehören Glasfenster, Spiegel und Fuß- oder Wandbeläge aus Natursteinplatten, wie Marmor oder Granit. Diese Materalien haben außer ihrer Schönheit infolge ihres hohen Quarzgehaltes die negative Eigenschaft, sich relativ stark mit radioaktiver Strahlung aufzuladen. Dadurch wird automatisch auch die Strahlungsintensität der Raumluft stark beeinflusst.

Beachten wir einmal die Ausstattungen der Hotels oder der Banken, so wird man den Eindruck nicht los, unsere Innenarchitekten seien total verliebt in Spiegel, in Marmor oder mit Granit getäfelte Wände und Fußböden. Die Verantwortung für die gesundheitlichen Folgen bei den Beschäftigten müssten eigentlich diese Architekten übernehmen.

Genau so gesundheitsschädlich sind die Energiesparlampen, die neuerdings in Wohnungen oder besonders in Hotels verwendet werden. Auch sie geben noch nach ca. einem Meter Entfernung eine etwa 13-fach stärkere radioaktive Strahlung ab und im abgeschalteten Zustand ist noch eine Giftstrahlung der Stufen 7 bis 8 feststellbar (siehe Messkreis "Giftschwingung"). Ähnliche Beleuchtungskörper werden als "Gesundheitslampen" angeboten. Sie haben dieselbe radioaktive und giftige Abstrahlung wie die normalen Energiesparbirnen. Lediglich ihr Preis liegt um das etwa Vierfache höher. Die Vorteile dieser neuen amerikanischen Erfindung sind ihre Stromersparnis, ihre Lebensdauer von mindestens zehn Jahren und ihr monochromatisches gelbes Licht.

In den USA ist die Energiesparbirne als "Litek-Lampe" bekannt und wurde als die bedeutendste Erfindung seit EDISONS Glühlampe bezeichnet.

Warum diese Lampen kanzerogene Strahlungen erzeugen, lässt sich aufgrund ihrer Technik nachweisen:

Die Litek-Lampe hat keinen Glühfaden, sondern eine elektromagnetische Spule, die ohne jeden Wärmeverlust ein elektromagnetisches Feld erzeugt. Dadurch wird das in der Birne vorhandene Quecksilber angeregt, ultraviolettes Licht auszusenden. Aber dieses Licht ist für das menschliche Auge nicht sichtbar. Die Lampe hat deshalb eine Innenbeschichtung, die durch "sensibilisierte Fluoreszenz" die Strahlung in den sichtbaren Wellenbereich transformiert. Der Verbraucher sollte sich überlegen, ob die Stromersparnis wichtiger ist als seine Gesundheit.

Abschließend zu diesem Thema sei noch auf ein einfaches Hilfsmittel zur Eliminierung von radioaktiver Strahlung hingewiesen, was zunächst einen etwas mysteriösen Eindruck hinterlässt:

Es handelt sich um eine Arbeit von englischen Astrophysikern, die radioaktiv strahlende Sterne aus der Milchstraße vermessen und auf einem Plotter aufgezeichnet haben. Legt man über diese verkleinerte Zeichnung eine Glasplatte, so wird die radioaktive Strahlenbelastung der Raumluft auf den normalen Stand von rund zehn Röntgeneinheiten verbessert. Viele Zweifler haben das nachgeprüft und die geschilderte Wirkung bestätigt (siehe Näheres im Buch "Einhandrute u. Pyramidenenergie" 3. Ausgabe). Diese Methode hat sich auch als sicheres Mittel bewährt, Strahlungsemissionen aus Monitoren und Fernsehgeräten zu eliminieren.

• • E • •

Mit Farben heilen

Die Heilpraktikerin Petra Godson arbeitet in ihrer Praxis seit vielen Jahren erfolgreich mit der Farbtherapie. Der nachstehende Auszug aus einem ihrer Artikel soll das Thema Farbtherapie verdeutlichen:

"... Deshalb möchte ich mit diesem Artikel zwei wichtige Merkmale in der Farbtherapie aufzeigen:

1. Die passende Farbwahl für den Klienten.

2. Eine körperfreundliche und gezielte Anwendung von Farbschwingungen.

Ich beschäftige mich nun schon seit beinahe zehn Jahren mit der Wirkung und Anwendung von Farbe. Dabei fällt mir auf, dass der praktischen Anwendung viel mehr Bedeutung zugemessen werden sollte.

Peter Mandel hat mit der Entdeckung der Farbpunktur große Pionierarbeit geleistet, denn er gibt gezielt Lichtschwingungen auf therapeutisch relevante Punkte. Ausgehend von dieser Grundkenntnis und dem Wissen, dass jeder Mensch individuell auf Reize reagiert, hat die Praxis gezeigt, wie wichtig es ist, die Farbwahl gezielt für den Klienten und seinen Zustand auszutesten.

Demnach sollte man sich nicht an vorgegebene Farbrezepte halten, sondern die momentane Resonanz einer Person zu der infrage kommenden Farbe ermitteln. Wie kann ich nun herausfinden, welche die tatsächlich passendste Farbschwingung darstellt?

Eine Methode ist das Auspendeln mittels Einhandrute bzw. Pendel, eine andere der kinesiologische Muskeltest oder die Pulsfrequenzmethode mit dem RAC-Filter nach Nogier.

Manche Farbtherapeuten lassen ihre Klienten intuitiv Farben wählen, mit denen sie dann therapieren. Diese Methode halte ich für sehr ungenau und mit vielen Fehlern behaftet. Intuition ist unbestritten eine wunderbare Hilfe, sofern es sich um wahre Intuition handelt und nicht um Wunschdenken.

Es geht hier nicht um psychologische Analysen oder Diagnosen bei denen das "Gefühl" eine wesentliche Hilfe sein kann, sondern um die Heilung mit einer Farbe, die mit dem Klienten und seiner Krankheit übereinstimmt.

Mit der Einhandrute teste ich zwei infrage kommende Farben an bestimmten Punkten oder Zonen aus, bevor ich damit therapiere.

Eine falsch gewählte Farbe kann zu unerwünschten Reaktionen führen. Wählt z. B. der Patient die Farbe Rot, weil er sich erschöpft fühlt, aber an einer entzündlichen Erkrankung leidet, die daraufhin mit Rot behandelt wird, weil er intuitiv so gewählt hat, kann es zu einer Intensivierung des Entzündungszustandes mit Temperaturerhöhung, Unruhe, Tachykardie etc. kommen. Hätte der Behandler mit der Einhandrute oder Kinesiologie die passende Schwingung ausgetestet, wäre es zu einer wohltuenden Heilreaktion gekommen, die Klient und Therapeut einige Schmerzen erspart hätten.

Ich möchte damit aufzeigen, dass ebenso wie bei der Akupunktur Farbanwendungen äußerst sorgfältig verabreicht werden müssen, basierend auf fundiertem Wissen über Farbe und Technik der individuellen Farbresonanz.

Nachdem die passende Farbe ermittelt wurde und damit Zonen und Punkte behandelt werden, kann man auf den Patienten eingehen und mit ihm seine Farbvorlieben und Abneigungen besprechen und ihm hilfreiche Hinweise dazu geben. Eine weitere, nicht zu unterschätzende Beeinflussung durch falsch gewählte Lichtfrequenzen geht vom Therapeuten selbst aus. Verlässt er sich nur auf ein Buch mit "Kochrezepten" und sein unbewusstes eigenes Farbbedürfnis, kann daraus leicht eine falsche Therapie entstehen.

Wie kann ich gezielt und wirkungsvoll Farben anwenden?

Ich stelle eine genial einfache Methode vor, mit der ich seit acht Jahren erfolgreich arbeite. Dazu benutze ich eine Farbquelle, die reine kosmische Energie liefert. Ausgehend von der Erkenntnis, dass körperfreundliche Energien wirkungsvoller und gezielter auf lebendige Zellen wirken, muss die Farbquelle diesen Anforderungen entsprechen und darf nicht auf Gleich- oder Wechselstrom beruhen.

Der menschliche und tierische Organismus kam während seiner langen Evolutionszeit niemals mit künstlicher elektrischer Energie in Berührung. Demnach muss eine elektrisch erzeugte Energie als körperfeindlich eingestuft werden.

Die Lösung bietet ein maßstabsgetreues Pyramidenmodell nach der großen Pyramide von Gizeh. Aus dieser Idee hat Ing. O. Höpfner ein Farbmodul mit den sieben Farben entwickelt, das von der Pyramide mit kosmischer Schwingungsenergie versorgt wird. Über einen Drehschalter werden die gewünschten Farben angewählt und über ein Kabel zu den Akupunkten oder Körperzonen des Patienten geleitet. Die Bestrahlungszeit ist mit ein bis drei Minuten sehr kurz, da die Strahlungsenergie durch die Pyramide eine Intensität von 36.000 Bovis-Einheiten aufweist. Die Zelle wird also mit einer Farbfrequenz und zusätzlich mit kosmischer Pyramidenenergie versorgt.

Hinzu kommt die magnetische Eigenschaft der Pyramidenstrahlung, die auf das Blut heilend wirkt, da fast jeder Mensch heutzutage ein Überwiegen von elektrischen Bluteigenschaften aufweist.

Nicht nur die Schulmediziner, sondern auch wir Naturheilkundler unterliegen oft dem Fortschrittsglauben an die Technik, aber dort, wo es bereits möglich ist, sollten wir auf die Natur zurückgreifen und sanfte Heilmethoden bevorzugen. Mit der Farbtherapie durch Pyramiden ist es möglich, den elektrischen Bereich zu verlassen und natur und menschengemäß die Selbstheilung anzuregen".

Hinweis

Die Entwicklung der Geräte ist in den letzten Jahren mit Riesenschritten vorangeschritten: Als ruheloser Forscher und Konstrukteur entdeckte Otto Höpfner, dass mittels einer Technologie, die auf dem sogenannten "Casimir-Effekt" beruht, die kosmische Energie noch effizienter nutzbar gemacht werden kann als mit einer Pyramide. Das Ergebnis ist der moderne Strahlen-Konverter, wie er erstmals im Buch "Die neuen Energie-Verstärker für Gesundheit und Wohlbefinden" vorgestellt wird. Bis zu seinem Tod hat Otto Höpfner diese Gerätegeneration weiterentwickelt, um sie handlicher, einfacher, präziser, stärker und wirkungsvoller zu machen.

Der aktuelle Strahlen-Konverter akkumuliert die uns umgebende kosmische Energie und verstärkt sie auf etwa 64.000 Bovis-Einheiten, ist also ungefähr doppelt so stark wie die Höpfner-Pyramiden, kann aber andererseits auf jede individuell gewählte niedrigere Intensität gedrosselt werden. Gleichzeitig hat ein kleines Farbmodul, das mit dem Konverter zum Zwecke einer Farbtherapie verbunden werden kann, das eher unhandliche Pyramiden-Farbtableau abgelöst.

• • F • •
Radionik

Die Vorstellung, dass jemand, der sich irgendwo in der BRD aufhält, den Krankheitsverlauf eines Patienten, der sich gerade auf einem anderen, fernen Kontinent befindet, beeinflussen kann, klingt sehr unwahrscheinlich oder gar mysteriös. Doch es ist noch nicht sehr lange her, dass man über die Telepathie derselben Meinung war, bis überzeugende Beweise erbracht werden konnten, dass es sich bei diesem Phänomen um ein Faktum handelt!

Dieses Gebiet wird mit: “RADIONIK” bezeichnet.

Einfacher ausgedrückt: Radionik ist eine Methode sowohl der Ferndiagnose als auch der Fernbehandlung. Beide sind sehr spezifische und komplexe Gebiete, weshalb hier in Bezug auf das “Pyramidenuniversalgerät” nur der Teil der Fernbehandlung bzw. Beeinflussung erklärt werden soll.

Was dem seriösen Heiler mit seiner Ferndiagnose und Fernheilmethode durch sein übersinnliches Wahrnehmungsvermögen gelingt, kann genau so gut auch unter Anwendung eines Pyramidenfrequenzgenerators erreicht werden (allerdings keine Diagnose!).

Um das Thema Radionik bzw. Fernstrahlung oder Fernbeeinflussung zu begreifen, muss auch hier wieder an die fundamentale Erkenntnis erinnert werden, dass alles "Strahlungsenergie ist"!

Man geht von der wissenschaftlichen Erkenntnis aus, dass jeder Mensch ein genetisch spezifisches Strahlungsfeld besitzt, das seinen Körper umgibt. Dieses ätherische Feld reagiert mit großer Sensibilität auf die Einwirkungen von Strahlungsenergie durch äußere Einflüsse. Je nach Art können solche Einflüsse Krankheiten verursachen, aber auch gesundheitliche Verbesserungen bewirken.

Es steht also mit dem physischen Körper in direkter Verbindung.

Eine gezielte Fernbeeinflussung eines Menschen ist nur deshalb möglich, weil jeder sein eigenes und einmaliges charakteristisches ätherisches Enegiefeld besitzt. Dieses Feld hat somit auch seine eigene Strahlungsfrequenz und sein eigenes Frequenzmuster.

Alle oben beschriebenen fundamentalen Fakten werden bei der nachfolgend aufgezeigten Methode der Fernbestrahlung mit Pyramidenenergie genutzt:

Man geht von der Tatsache aus, dass Blutstropfen, Haare, Handschriften oder Fotos die universale, genetische Situation eines Menschen wiedergeben (s. Kapitel “Feinstoffliche Strahlungen aus Handschriften, Foto usw.”).

Diese ultra-feinstofflichen Strahlen kann man auf eine sogenannte Trägerfrequenz aufmodulieren und in den Raum ausstrahlen. Als Trägerfrequenz wird in unserem Fall die Pyramidenschwingung benutzt. Sie ist kohärent zu den Organschwingungen und kann deshalb wegen ihrer spezifisch-biologischen Qualität nur mit dem Energiefeld des “Eigentümers” eine Resonanz bilden.

Man sagt auch: Diese Schwingung kann nur mit dem “biologischen Fenster” des Eigentümers in Kontakt kommen, denn die Radionik nutzt die Tatsache aus, dass wir alle durch ein unermesslich großes Energiefeld untrennbar miteinander verbunden sind. In einem Artikel über die Quantentheorie fand ich die Aussage, “*dass man sich nicht bewegen kann, ohne alles in seinem Universum zu beeinflussen*”. – In der modernen Physik spricht man hier von einer “Quantenverkettung”.

Damit dürfte versuchsweise die Grundlage der Fernstrahlung erklärt sein.

Die praktische Anwendung ist bei der Benutzung eines Pyramidenfrequenzgenerators sehr einfach, indem man in den dort eingebauten Becher eines der oben erwähnten persönlichen “Zeugnisse” (auch *Witness* genannt) eingibt. So wird diese spezielle Schwingung von dem Becher und der Metallplatte in den Raum abgestrahlt.

- Gleichzeitig ist es möglich, in den Becher oder die Platte eine Heilsubstanz zu legen, damit auch deren Schwingung übertragen wird.
- Auch für eine Allergie-Löschung kann das Verfahren genutzt werden, indem in den Becher ein entsprechendes Allergen eingelegt wird.
- Es besteht außerdem noch die Möglichkeit, die augenblickliche krankhafte Frequenzstufe des Patienten mithilfe des Messkreises und des Zeugnisses (Blut, Handschrift usw.) zu ermitteln und mit dem Frequenzdrehknopf einzustellen. Dadurch wird als Trägerfrequenz die eigene, aber umgepolte pathologische Frequenz benutzt.
- Infolge der körperfreundlichen und magnetischen Pyramidenträgerfrequenz erhält der "Empfänger" gleichzeitig eine energetische Anregung seiner Zellschwingungen.

Ich weise daraufhin, dass im Gegensatz etwa zu England solche Verfahren in der BRD offiziell nicht erlaubt sind. Trotzdem werden auf den Messen und in einigen Zeitschriften Geräte für Radionik in Form von handlichen Computern (zum Beispiel SE 5) angeboten. Diese arbeiten mit elektronisch erzeugten Schwingungen, die bekanntlich nicht kohärent zu unseren Oganen sind. Diese Geräte kommen aus USA und kosten einige Tausend Euro.

Ergänzend zu diesem Thema sei angemerkt, dass das Verfahren der Radionik bereits in USA auch in der Landwirtschaft angewandt wird. Hier werden zum Beispiel über ein Foto gleichzeitig Insektizidenschwingungen durch Frequenzgenerator auf das fotografierte Feld gestrahlt, um das Pflanzgut von Insektenbefall freizuhalten. Die Erfolge sind nachweislich zufriedenstellend.

· • G • ·

Luftionisierung

Im Jahre 1975 kam eine interessante Meldung von Radio Moskau. Danach war ein russischer Forscher zu einer überraschenden Erkenntnis gelangt:

"Man lebt um so länger,
je höher man über dem Meeresboden lebt."

Diese Feststellung hängt mit der Tatsache zusammen, dass die Zahl der minus-polig aufgeladenen Luftmoleküle (Ionen) mit der Höhe zunimmt.

Inzwischen wissen wir auch: Minus-polige Ionen sind dem Menschen zuträglicher als plus-polig geladene Luftmoleküle. Überwiegen die Letzteren, so wirkt das wie "akuter Sauerstoffmangel".

Ein typisches Beispiel hierzu ist der Schweizer Kurort Davos. Seine Heilerfolge bei Kranken mit Lungentuberkulose verdankt er im Wesentlichen der dort herrschenden minuspoligionisierten Luft. Höhenluftähnliche Verhältnisse bestehen auch an der See.

- Daraus lässt sich schließen, wie sehr das Leben auf der Erde durch das Ionenverhältnis der Luftmoleküle beeinflusst werden kann.

- Das Normalverhältnis in der ungestörten Natur beträgt 45 % Minus-Ionen gegenüber 55 % Plus-Ionen, also 4:5.

Infolge der vielen Elektroinstallationen, Elektrogeräte usw. in den Haushalten wird die Polarität der Ionen von stark MINUS zu PLUS verschoben. Diese elektrische Umweltverschmutzung ist dem Wohlbefinden sehr abträglich.

In Kaufhäusern, Werkstätten, Friseurläden usw. sind meistens 5 bis 8 Plus-Ionen gegenüber 1 Minus-Ion festzustellen! Kopfschmerzen, Abgeschlagenheit und auf Dauer eine Depolarisation der Zellmembranen sowie elektrische Eigenschaft des Blutes sind die Folgen.

- Zusammenfassend ist festzustellen, dass die Wirkung der Polaritätsverschiebung auf den Menschen folgenschwer sein kann.

Diese Tatsache ist somit auch ein Grund für die unausweichlichen Erkrankungen auf Bettplätzen, die durch geopathogene Störzonen betroffen sind. Es ist eine der schädlichen Eigenschaften, die durch die extrem hohen Störfrequenzen hervorgerufen werden.

- Innerhalb dieser Zonen, die in den betroffenen Räumen wie unsichtbare Wände stehen, werden die Luftmoleküle außergewöhnlich stark plus-polig aufgeladen. Die Polaritätsverschiebung beträgt hier etwa 5:1 und bei Kreuzungen sogar bis 8:1!

Das heißt: Innerhalb dieser Zonen herrscht eine überstarke plus-polige Situation. Es lässt sich unschwer vorstellen, welche Folgen ein solches Plus-Milieu auf den Organismus des Menschen zur Folge haben kann, wenn er jede Nacht sechs bis acht Stunden darin verbringen muss.

Der Körper reagiert zunächst mit immer stärker werdenden Schmerzen, und der Arzt oder Heilpraktiker versucht diese Symptome zu beseitigen ohne Erfolg, da der Patient jede Nacht in demselben "Grillofen" liegt.

Nachdem kein Heilungserfolg erzielt wird, geht es manchmal soweit, dass der Betroffene leider als "Spinner" hingestellt wird.

Ich habe solche Fälle oft erlebt, und, auch zur Freude der Betroffenen, waren die Schmerzsymptome nach einer Bettplatzentstörung innerhalb weniger Tage verschwunden.

- Bei einer seriösen Platzentstörung wird nämlich die Luftionisierung auf etwa 1:1 normalisiert. Es besteht wieder ein Gleichgewicht zwischen den Plus- und Minus-Ionen.

Zur Vollständigkeit des Themas der Luftionisierung sei noch auf die Ionisierungsfolgen durch elektrische bzw. elektronische Geräte hingewiesen, u. a. im Schlafzimmer.

Diese Geräte bauen genau wie elektrische Installationen elektromagnetische Kraftfelder im Rhythmus ihrer Frequenzen auf und ab. Als Folge davon wird die Luft plus-polig aufgeladen.

Solche Magnetfelder könnte man nur durch effektive Abschirmungen verhindern, was aber praktisch nicht möglich ist.

Es bleibt somit nur noch übrig, die Plus-Ionisierung zu eliminieren. Und das kann mithilfe eines “Ionenausgleichers” geschehen, der geerdet ist und dadurch die Plus-Ionen absaugt und an die Erdkontakte der Steckdose ableitet.

Der Handel bietet viele Mittel, um den Elektrosmog (sprich Luftionisierung) zu beseitigen. Doch in den seltensten Fällen halten solche Geräte das, was sie versprechen.

Nach meinen Erfahrungen und Messungen dürfte die oben erwähnte Methode mit einem “Ionenausgleicher” eine seriöse Möglichkeit bieten, da sie nicht auf intuitiven Gedanken heraus entwickelt wurde, sondern nachweislich auf einem fundamentalen physikalischen Gesetz beruht.

Interessant zu diesem Thema ist noch folgende Eigenschaft der Minus-Ionen:

Sie bewirken, dass Staub, Schmutz, Viren und andere Schadstoffe aus der Luft entfernt werden. Durch das Übergewicht an Minus-Ionen in der Luft gegenüber den Plus-Ionen werden die in der Luft schwebenden winzigen Partikel negativ aufgeladen, wodurch statische Elektrizität entsteht. Die schwebenden Partikel ballen sich zusammen und sinken zu Boden, was die Luft sauberer macht.

• • H • •

Bovis-Einheiten

Die Bezeichnung “Bovis Einheiten” (BE) ist auf den Franzosen *Bovis* zurückzuführen. Er entwickelte einen etwa 50 cm langen Maßstab, dessen Skala von dem Ingenieur Simoneton zum Biometer umgebaut wurde.

Mit dieser Methode kann man mithilfe eines Pendels die Strahlungsintensität eines Ortes oder einer Person ablesen. Der Skala liegen die aus der Physik bekannten Wellenlängen zugrunde.

Da sich die Wellenlängen umgekehrt proportional zu den Frequenzen verhalten, hat dieses Gesetz auch einen Einfluss auf die Schwingungsamplituden der Frequenzen. Das bedeutet, dass auch die Intensität abhängig ist von den Wellenlängen. Bovis arbeitete noch mit einem Pendel, mit dem er die Skala entlangfuhr, bis der *“Rapportpunkt”* erreicht war.

Bei der praktischen Arbeit mit einer Einhandrute ist dieser Maßstab sehr unhandlich, weshalb ich ihn in einen Messkreis übertragen habe. Wegen der Abhängigkeit der Strahlungsintensität von den Wellenlängen können die gemessenen Bovis-Einheiten auf dem Messkreis als Größeneinheit für die Strahlungsintensität verwendet werden. So lässt sich der Messkreis als mentale Vergleichsmöglichkeit für Strahlungsenergie bzw. für den Zustand der Zellschwingungen nutzen.

Messungen der Strahlungsintensität sind für die Radiästhesie von größter Bedeutung, wenn man Folgendes untersuchen möchte:

- Die Qualität von Lebensmitteln
- Arbeits- oder Bettschlafplätze
- Entstörmittel
- die Vitalität der Körperzellen
- die Funktionsfähigkeit von therapeutischen Geräten
- Orte der Kraft

Die Wellenlänge der Infrarotstrahlung beträgt etwa 6.500 Å. Ein Angström (Å) entspricht einem Zehnmillionstel Millimeter. Da diese Terminologie oft unbekannt ist, benutzt man in der Radiästhesie und als Maß den Begriff: BOVIS-EINHEITEN. Darunter versteht man energetische Wirkungseinheiten.

Beispiele für Einheiten der Biometerskala bzw. Intensitätsmessungen:

Ein neutraler Ort mit rund 6.500 Einheiten Strahlungsintensität liegt dann vor, wenn er durch keine terrestrischen oder äußeren Umwelteinflüsse gestört wird.

Liegt der Wert unter 6.000, so bedeutet das, dass hier eine gestörte Strahlungsintensität vorherrscht. Sie kann für Mensch, Tier und Pflanze schädlichen Einfluss haben.

Über einer Kreuzung von Curry-Streifen oder Wasser und dergleichen liegt der Wert unter 2.000.

Die Vitalstrahlung beim Menschen liegt durchschnittlich bei 6.500 BE. Die ideale Vitalstrahlung sollte 7.000 bis 8.000 BE betragen.

Werte über 9.000 sind auf Dauer für den Menschen schädlich, da sie zu Überfunktionen führen können.

Ich habe einige Menschen kennengelernt, die glaubten, sie würden sich etwas besonders Gutes tun, wenn sie sich durch ausgefallene Meditationsverfahren auf Werte von bis zu 40.000 oder sogar auf 70.000 BE bringen würden. Sie alle sind nach kurzer Zeit krank geworden und ohne zu wissen, warum!

Nachwort

"Zurück zur Natur"

Der Trend "Zurück zur Natur", der sich seit einigen Jahren abzeichnet, könnte hilfreich sein, wenn er nicht auf viele Art und Weise missbraucht würde. Leider wird in den vielen Buchveröffentlichungen wie auch Seminaren oder Ernährungsberatungskursen immer noch viel zu wenig von der primär wichtigen Voraussetzung gesprochen, dass ein Nahrungsmittel nur dann seinen Sinn und Zweck erfüllt, wenn es nicht durch künstliche Düngung oder Insektizide vergiftet ist. Und leider wird die Möglichkeit, die Belastung der Nahrung durch Verfahren bzw. Geräte wie den kinesiologischen Test, Pendel oder Bio-Radiometer nur sehr selten als einfache, aber sichere Methode der Testung erwähnt.

Die Allergien nehmen erschreckend zu; neue Krankheiten tauchen auf, wie zum Beispiel "MCS" - die Multiple Chemical Sensitivity" - auf gut Deutsch: Belastung durch chemische Substanzen. Das Schlimme daran ist, dass die Folgesymptome praktisch jedes Organ betreffen können.

Leider ist den meisten Menschen die Existenz der natürlichen feinstofflichen Strahlung immer noch unbekannt und somit auch die Möglichkeit, durch Pendel oder Einhandrute diese Strahlen zu "fühlen".

Allerdings zeigt sich in der letzten Zeit mehr und mehr, dass gerade junge Menschen diese Strahlenfühligkeit besitzen und diese Energie "sehen" können. Ein Lichtblick und eine Chance für die Zukunft, denn dann könnte es zum Alltag gehören, Nahrungsmittel vor dem Verzehr zu entgiften und zu energetisieren – mithilfe der vorgenannten natürlichen Mittel.

Ein anderes Kapitel, bei dem der Einfluss der Natur und auch ihre wertvolle Hilfe zum Teil missachtet oder aus Unwissenheit ignoriert wird, sind einige Therapiemethoden im Rahmen der Naturheilkunde. In vielen von Ärzten und Heilpraktikern geführten "Naturheilpraxen" werden überwiegend elektrisch bzw. elektronisch aufgebaute Geräte, wie z. B. Reizstromgeräte, teure Bio-Resonanzgeräte, Farb-Bestrahlungslampen, Elektroakupunktur u. Ä. zur Therapie eingesetzt.

Alle diese Geräte beeinflussen sehr stark die magnetischen Eigenschaften unseres Blutes, das eine elektrische Eigenschaft annimmt, wodurch die Immunabwehr geschwächt wird und die nächste Krankheit vorprogrammiert ist. Menschen, die sich mit Naturheilkunde beschäftigen bzw. anbieten, müssten diese grundlegenden Voraussetzungen kennen und einhalten.

Es ist notwendig, dass der Normal-Bürger, also der Patient, über derartige Praktiken und ihre Folgen aufgeklärt wird. Er hat auch ein Recht darauf, in einer "Naturheilpraxis" nicht mit körperfeindlicher Elektrizität, sondern mit natürlichen Mitteln therapiert zu werden und dass das ermittelte Heilmittel vorher mittels Pendel, RAC-Filter oder Kinesologie auf Verträglichkeit getestet wird.

Genauso hat der Patient einen Anspruch darauf, dass bei Beschwerden nicht das Symptom, sondern auch der primäre Einfluss auf die Krankheit, also die Ursache untersucht und wenn möglich, beseitigt wird.

Wie gelegentlich im Fernsehen berichtet wurde, gibt es in der BRD Hunderte von Schlaflabors und Schmerzinstituten für Menschen, die nicht schlafen können oder an Schmerzen leiden, für die der Mediziner keine Hilfe finden kann und deren Beschwerden zu ihrem Nachteil oft als psychogen eingestuft werden.

Es wäre sehr aufschlussreich, zu erfahren, bei wie vielen dieser Patienten die Ursache für die Störungen am Bettplatz oder bei dem Zustand der Zähne gesucht wurde. Es ist mit Bestimmtheit anzunehmen, dass dies nur sehr selten geschieht, weil die Existenz der geopathogenen Stör-Strahlungen und ihre gravierenden Schädigungen genau wie der Einfluss der Zähne auf die Funktionskreise weitgehend unbekannt sind oder einfach ignoriert werden.

Das vorliegende Buch soll praktische Lebenshilfe bieten, die auf meinen jahrelangen persönlichen Erfahrungen und physikalischen Grundlagen beruhen.

Literaturverzeichnis

Biophotonen, Fritz-Albert Popp, Karl F. Haug

Bioresonanz-Praxis und Radionik, Manfred B. Hartmann, Schirner

Das Geheimnis des Lebens, Georges Lakhovsky; VGM Verlag

Das Kraftfeld der Symbole, Hartwig Fritze, Omega Verlag

Das medizinische Pendelbuch, Georg Jakob, Turm-Verlag

Das Praxisbuch zur Einhandrute, Manfred B. Hartmann; Schirner Verlag

Die Geheimnisse der Pyramiden-Energie, L. W. Göring, BoD

Die heilende Energie der Farben, Sigrid Meggendorfer, Irisiana

Die Kunst der Radiästhesie, Elizabeth Brown, Trinity Verlag

Die neuen Energieverstärker für Gesundheit und Wohlbefinden, Otto Höpfner, Silberschnur Verlag

Einhandrute und Pyramidenenergie, Otto Höpfner, Silberschnur Verlag

Einstieg in die Geomantie, Sabine Kühn, Silberschnur Verlag

Erdstrahlen als Krankheits- und Krebserreger, Gustav Freiherr von Pohl, Fortschritt-für-alle-Verlag

Farben: "Apotheke des Lichts", Peter Mandel, Energetik

Farbtherapie, Ingrid Kraaz von Rohr, Nymphenburger

Feinstoffliche Energien richtig einsetzen und umsetzen, Siegfried Grabowski, Zeitenwende

Heilen mit der Kraft des Pendels, Brigitta Schmidt, BoD

Heilen mit radiästhetischen Farben, Brigitta Schmidt, BoD

Licht-Geometrie, Johanna Tippkemper, Silberschnur Verlag

Lichtkristalle - Die heilende Energie geometrischer Formen, Tippkemper & Schrag, Silberschnur Verlag

Pendeln für Einsteiger, Sabine Kühn, Silberschnur Verlag

Pendeln ist erlernbar, Band 1 u. 2, Hürlimann Gertrud, M & T Edition Astroterra

Pendelset - Perfekt für Einsteiger, Anneke Huyser, Silberschnur Verlag

Praktisches Handbuch der Farbpunktur, Peter Mandel, Energetik

Über den Autor

Dipl. Ing. Otto Höpfner (1915–2008) arbeitete nach Beendigung seines Studiums (Maschinenbau und Aerodynamik) in der Forschung, Konstruktion und zuletzt als Rationalisierungsfachmann.

Er war sehr sensitiv in Bezug auf Strahlungen und beschäftigte sich mit der praktischen Anwendung von radiästhetischem Wissen zum Segen der Menschheit. Er entwickelte und konstruierte die hochempfindliche Einhandrute, als Höpfner-Radiometer inzwischen weit verbreitet, die legendäre Orgon-Pyramide und einen Energie-Verstärker, den sogenannten Strahlen-Konverter.

Bezugsquelle der beschriebenen Original-Geräte

ReVitaMed®

Inhaber: Herbert Groetchen

Postfach 1370

53350 Rheinbach

Telefon: +49 (0)2226/83 54 000

Telefax: +49 (0)2226/91 59 96

E-Mail: info@revitamed.de

www.revitamed.de

160 Seiten, broschiert
ISBN 978-3-89845-361-5
€ [D] 12,90

Otto Höpfner

Einhandrute und Pyramidenenergie

Ein praktischer Ratgeber

Zahllose Strahlungen und Felder beeinflussen unser Wohlbefinden – und nur wenige Geräte können uns dabei helfen, diesen Einflüssen zu entgehen, wie Otto Höpfners hochempfindliche Einhandrute, die Höpfner-Pyramide und der phantastische Strahlen-Konverter. Dieser Ratgeber zeigt anhand von praktischen Beispielen, wie auch der Laie krankmachende Strahlen erfassen und durch die Pyramidenenergie verbessern kann. Er führt uns auf neue Wege zum Schutz unserer Gesundheit, egal, ob es sich um die Verträglichkeit von Nahrungsmitteln und Medikamenten, Störzonen am Schlafplatz oder andere krank machende Störfaktoren handelt. Eine faszinierende Fundgrube für Gesundheitsbewusste!

192 Seiten, broschiert
ISBN 978-3-89845-009-6
€ [D] 14,90

Otto Höpfner & Petra Godson

Die neuen Energieverstärker

Für Gesundheit und Wohlbefinden

Das Buch ist eine wahre Fundgrube mit vielen Tipps für die Gesundheit, z. B. wie man sich mit natürlichen Mitteln vor schädlichen Umwelteinflüssen, vor dem Gift in Nahrungsmitteln, Trinkwasser, Textilien und in der Wohnung schützen kann. Und wie man seinen Bettplatz gegen krankmachende Erdstrahlen abschirmt. Genauso einfach und physikalisch begründet kann man sich gegen elektromagnetische Strahlungen von PC, Handy, TV und sonstigem Elektrosmog schützen.
Im zweiten Teil erfahren Sie, wie die Farbtherapie mittels Strahlenkonverter optimiert werden kann.

Anneke Huyser

Pendelset – Perfekt für Einsteiger

Mit 38 Pendelkarten

Dieses Pendelset mit einem hochwertigen Namaste-Pendel im dekorativen Samtsäckchen ist für den Anfänger wie für den versierten Pendel-Profi geeignet. Die Pendelkarten enthalten alle Arten von Grafiken für die verschiedensten Fragen und Pendel-Aufgaben, wie I Ging, Astrologie, Edelsteine, alternative Heilmethoden u.v.m. sowie alle erforderlichen Hinweise, die in einem kleinen Begleitbuch übersichtlich und leicht verständlich erläutert werden. Mit der beiliegenden Blankokarte kann das Set vom Benutzer zudem beliebig erweitert werden.

38 Pendelkarten mit Pendel, Begleitheft, in Stülpschachtel
ISBN 978-3-89845-098-0 · € [D] 18,40

160 Seiten, durchg. farbig, broschiert mit abger. Ecken
ISBN 978-3-89845-525-1
€ [D] 11,00

Sabine Kühn

Einstieg in die Geomantie

Die Kraft des Lebensraumes nutzen

Sabine Kühn bietet einen leichten Einstieg in die Geomantie und zeigt Ihnen, wie Sie Energien wahrnehmen und bestimmen können und die Qualität einer Gegend oder eines Lebensraumes erkennen. Sie lernen, Disharmonien zu erkennen und wieder in die richtige Schwingung zu bringen – in Einklang mit dem, was der Ort braucht.

Für die Anwendung in Ihrem eigenen Zuhause bietet Sabine Kühn praktische und erprobte Anleitungen, um Ihre Wohnraumenergien zu verändern, bis Sie sich wohlfühlen.

192 Seiten, durchg. farbig, broschiert
ISBN 978-3-89845-482-7
€ [D] 19,95

Johanna Tippkemper

Licht-Geometrie

Metatrons goldene Wissensschlüssel

Das Geheimnis des Universums ist in der heiligen Geometrie zu finden. Alles Leben im Universum ist daraus entstanden und alles Leben sowie sämtliche Wachstumsprozesse werden über die heilige Geometrie und ihre Muster gesteuert.
Erzengel Metatron öffnet die Türen und Tore zu den Wissensbibliotheken in uns und hilft uns, die derzeit stattfindende Umwandlung zum Lichtkörper harmonisch zu durchleben. Verbinden wir uns mit den heiligen Geometrien, öffnen sich wie durch Zauberhand ganze Informationsfelder in uns selbst, und etwas völlig Neues kann sich entfalten ...

216 Seiten, mit Abb., durchg. farbig, broschiert
ISBN 978-3-89845-518-3
€ [D] 16,95

Johanna Tippkemper & Aenne Schrag

Lichtkristalle

Die heilende Energie geometrischer Formen

Wir sind von Schwingungen verschiedenster Energieformen umgeben, und wir Menschen sind als lebende Organismen mit all diesen Energieformen verbunden.
Entdecken Sie, wie wir diese heilbringenden Schwingungen nutzen können. Dazu sind in diesem Buch die wichtigsten Symbole und Lichtkristalle der Heiligen Geometrie mit ihren heilenden Eigenschaften beschrieben. Mit ihnen können wir Dissonanzen harmonisieren und Energien aktivieren, die Mensch und Natur gesund erhalten.

403 Seiten, gebunden
ISBN 978-3-930243-01-3
€ [D] 22,90

Margret Cheney

Nikola Tesla – Erfinder, Magier, Prophet

Über ein außergewöhnliches Genie und seine revolutionären Entdeckungen

Das Buch berichtet ausführlich über Leben und Werk von Nikola Tesla (1856-1943), der vielfach als »der größte Erfinder aller Zeiten« bezeichnet wurde. Als Entdecker der »Freien Energie« ist er für einige fast zu einem Mythos geworden. Margaret Cheney zeichnet nicht nur sehr lebendig und kompetent das Portrait einer zweifellos exzentrischen, schillernden und nahezu übernatürlich begabten Persönlichkeit; sie beschreibt auch ein Stück spannender Zeit- und Wissenschaftsgeschichte.

240 Seiten, gebunden
ISBN 978-3-89845-517-6
€ [D] 19,95

Wilhelm Mohorn

Raumenergie – Das decodierte Rätsel

Neue Energiequellen zum Nulltarif

Unsere Energiequellen versiegen nach und nach und neue Energien werden sind teuer und nicht immer ausreichend vorhanden. Wir brauchen dringend eine Alternative für eine neue, preiswerte, saubere Energie. Wilhelm Mohorn erläutert eine der faszinierendsten Entdeckungen auf dem Energiesektor. Die Raumenergie ist unerschöpflich, umweltfreundlich, ungefährlich und kann kostenfrei genutzt werden.
Er erklärt die konkrete Anwendung der Raumenergie und zeigt, dass jeder bereits heute von dieser Energie-Revolution profitieren und sich diese neue Energiequelle zum Nulltarif zunutze machen kann.

498 Seiten, broschiert
ISBN 978-3-89845-196-3
€ [D] 24,90

Claudia Rainville

Metamedizin

Jedes Symptom ist eine Botschaft

Warum bin ich krank? – Dieser Frage geht die Autorin in diesem umfangreich dokumentierten Buch nach und kommt zu dem einfachen, aber weit reichenden Schluss, dass die Symptome einer Krankheit als Botschaften des Körpers zu verstehen sind. Dank der vielen Fallbeispiele aus ihrer über zwanzigjährigen Forschungs- und Therapiearbeit liest sich dieses Buch wie eine spannende Dokumentation zum Thema Gesundheit.

216 Seiten, broschiert
ISBN 978-3-89845-377-6
€ [D] 14,90

Vadim Zeland

Transsurfing in 78 Tagen

Die Kunst der Realitätssteuerung

Transsurfing ist eine mächtige Technik zur Realitätssteuerung, mit der jeder die Möglichkeit hat, die Realität nach Belieben zu lenken.
Das Basiswissen zu Transsurfing fasst Vadim Zeland hier in 78 Schritten zusammen und bietet damit ein Buch, das die Grundlagen der Realitätssteuerung verständlich erklärt. Dieses Wissen ist notwendig, um zu erkennen, dass die Realität nicht festgeschrieben ist. Jeder Mensch kann zu jeder Zeit den für sich richtigen Weg wählen, um sein Ziel zu erreichen und selbst entscheiden, welche Ereignisse in seinem Leben stattfinden werden und welche nicht.